21世紀の生涯学習と余暇

生涯学習の新動向と余暇論の系譜

瀬沼克彰

学文社

まえがき

本シリーズ「二一世紀の生涯学習と余暇」（全一〇巻）は、第一巻『市民が主役の生涯学習』が一九九四年四月に発刊された。そして、最終巻の第一〇巻の本書が二〇一二年二月に発刊の運びとなる。私にとって、一九九九年は、宇都宮大学から桜美林大学の新設の経営政策学部に移って三年目で、大体の科目や講座が順調に動き出した年であった。

担当した科目は、「生涯学習論」「余暇社会論」「余暇政策論」「レジャー産業論」などであったので、新しいシリーズ本のタイトルとして、表記の名をつけたのである。人生晩年の歳月は、スピード感を増して、あっという間に古稀を迎えて、二〇〇九年に大学を定年退職した。

本シリーズの内容は、その時点で執筆した論稿二年分位を一冊にまとめて収録するという方法でシリーズ本として発行してきた。追求してきてテーマとして、生涯学習と余暇の二つがあるわけだが、既刊の九冊をふり返ってみると、生涯学習四冊、余暇五冊ということになった。最初から両者のバランスはまったく考えないで書いてきたが、結果として両者は、バランスよく終わったと思う。

生涯学習が教育の望ましい推進方策として、わが国で本格的に始動するのは、一九八八（昭和六三）年からで、推進方策は行政主導が前提であり、効果をもたらした。しかし、本書でも詳しく言及しているように、バブル経済崩壊後の一九九一年以降、財政悪化によって、行政主導の生涯学習は、推進できなくなった。行政に代って、民間事業者、大学、住民団体など、民間セクターが主導することが時代の要求になった。

本シリーズの第一巻『市民が主役の生涯学習』は、まさに、時代の要求を受けて行政主導から市民主導へを主張する内容でまとめた。第一巻以降の四冊の生涯学習を扱った本は、大学公開講座、市民主導、高齢者の活動など、すべて行政でないものをテーマとしている。一方、余暇問題については、事業の戦後史、高齢者余暇、余暇事業論、シニア余暇論などを扱った。以上、本シリーズの主たる内容について述べてきたが、シリーズ名として「生涯学習と余暇」とした限りは、私にとっての二大テーマが別々に取り扱われるにしても、少くとも、どこかで両者の関係とか両者の改善についての処方策など考察しなければと考え、既刊の九巻で充分に扱っていないとすれば、最終刊での必要性はあると思っていた。

しかし、残念ながら、最終巻でもこの挑戦はできずじまいで終わっている。

シリーズ本の最終巻は、文字どおり総括、まとめという作り方と、まれには補足、補充という方法がある。本シリーズの最終巻は、明らかに後者をとらざるを得なかった。一九七七年に初めての単著『余暇の社会学』（文和書房）を刊行して以来、余暇というキーワードの入った単行本もたくさん出してきた。また、生涯学習というキーワードの本も、一九七九年『余暇と生涯教育』（学文社）以後、数はたくさんある。

多作の私は、人にあなたの主著はどれですかと問われる。主著はないと答えるのが正確であろうが、そうもいかないので、余暇問題については、『現代余暇論の構築』学文社（二〇〇二年）、生涯学習問題については、『日本型生涯学習の特徴と振興策』学文社（二〇〇一年）と答えている。これまで版元の支援で五巻本は、いくつか出してきたが、本シリーズである一〇巻本は、初めてである。最終巻が補足、補充であることをことわりつつ、各章の初出について明記しておきたい。

第一章　最近の学級・講座などのプログラム提供は、一　行政の提供する学級・講座は書き下ろし、二　カルチャーセンターの新しい歩みは全国民間カルチャー協議会「カルチャーエイジ」二〇一一年夏号、三　大学公開講座の今日的動向が書き下ろし。四　大学公開講座の活用法は、㈶日本生涯学習総合研究所「リマナビ」二〇一一年九月に執筆した。

第二章　地域の生涯学習の動向は、一　相模原市らいぶ塾の運営、三　東京都下羽村市の生涯学習推進計画策定が、書き下ろし、二　キャンパスおだわら構想の出発は、NPO法人全国生涯学習ネットワーク「季刊ネットワーク通信」№三六　二〇一一年一〇月。四　地域の生涯学習実践に参加しては、あきる野市、町田市、八王子市、学びサポート研究会の機関誌に執筆したものである。

第三章　シニアの生涯学習と社会参加　一　エイジレスライフと社会参加活動事例は内閣府『いきいき人生』二〇一〇年一〇月、二　シニアの地域活動の活性化は、八王子高齢者コーディネーター会『講演集』二〇一一年五月、三　アクティブシニアの社会参加、四　新しい公共の理念と取り組み状況は書き下ろしである。

第四章　西欧余暇思想の系譜と近年の余暇関連文献、一　古代ギリシャから近世に至る余暇思想は、書き下ろし、二　西欧における工業化社会と余暇思想は、桜美林大学「経営政策論集」二〇〇九年、三　二〇〇〇年以降の余暇関連文献目録、四　二〇〇〇年以降の生涯学習文献・目録、五　二〇〇〇年以降の高齢者の関連文献・目録が書き下ろしである。

第五章　昭和期の代表的余暇論　一　権田保之助、二　小林一三、四　大河内一男は書き下ろし、三　清水幾太郎は、自由時間研究会「研究報告」№1号に二〇一一年七月掲載した。

以上のように、前半の第一、二、三章は、生涯学習問題をテーマとして既論稿と書き下ろしで構成し、後半の第四、五章は余暇論の系譜を扱っている。両者を通して、全体の二一本のうち、既論稿七に対して書き下ろし一四と、書き下ろしが多かった。本シリーズのなかで最も書き下ろしが多い巻となった。本書は、本来年内に出版したいと思っていたが、夏の暑さに敗けて体調を崩したこともあって、脱稿したのは一〇月になってしまった。

一〇巻にわたる本シリーズを刊行してもらった学文社には、一二年間にわたって、お世話になった。末筆ながら三原多津夫氏、二村和樹氏には、編集面で多大の負担をかけ、アドバイスをしてもらった。深くの感謝を申し上げたい。

二〇一一年一〇月

瀬沼　克彰

目次

第一章　最近の学級・講座などのプログラム提供

一　行政の提供する学級・講座

行政（国、都道府県、市町村など自治体）が提供する学級・講座は、民間の教育事業、大学が提供する公開講座、ＮＰＯをはじめとする住民団体の学級・講座と比較すると、数がはるかに大きい。たとえば、自治体の受講者は教育委員会二七〇四万人、首長部局七一三万人と数が大きい。民間カルチャーセンター七一〇万人、大学公開講座一一一万人、大学通信教育一四万人と、自治体の数字には追いつかない。

自治体の学級・講座は、文科省の資料をみると国（各省庁）の補助、助成に基づくものがほとんどである。そのために国（とくに文部省科学省）の予算の推移を追ってみることにしたい。本来、全省庁の生涯学習関連予算を追求しなければならない。しかし、文科省は、平成一三年以降、全省庁への調査を止めたので、数字を把握することはできなくなった。省庁に関しては、限定的な数字の説明に終わっている。

1　行政が提供する学級・講座数

毎年刊行される『文部科学白書』にわが国の学習人口の現状という一覧表が掲載される。全体を把握するのに便利な図表である。以下では、平成一一年と最新の「社会教育調査」（平成二〇年）を比較して、変化を読みとってみることにした。

まず、教育委員会の提供する学級・講座は一七〇五万人から二七〇四万人に増加している。しかし、知事部局・市町村長部局が開設する学級・講座は、一〇九七万人から七一三万人と減少している。この理由は、なぜか回答できない。両者とも自治体予算額は、確実に減少しているので、本来、講座数は減って、受講者も減少して当然である。施設利用者は、平成一一年と二〇年で次のような数字となっている（文科省「社会教育調査」参照）。

	平成一一年	平成二〇年
公民館	二・二億人	二・四億人
博物館	二・八億人	二・八億人
図書館	一・三億人	一・七億人
青少年教育施設	〇・二億人	〇・二億人
婦人教育施設	三四四万人	一〇六八万人
社会体育施設	四・五億人	四・八億人
民間体育施設	一・九億人	一・五億人
生涯学習センター	―	〇・二億人

行政の施設が、いかに多くの人に利用されているか、また、学級・講座の受講者は、施設利用者の一割という数字である。施設利用者は、近年では、大きく増加しなくなった。それは、人口が増えなくなったし、施設も税収の落ち込みによって、新しく開設されないために、利用者も増えないという結果である。

民間教育事業については、三〇八万人から七一〇万人と倍増している。大学の公開講座は六四万人から一一一万人、大学の正規コースの学生数は二四七万人から二五三万人とあまり増えていない。専修学校は七五万人から六三万人に

表1-1　施設等別の学級・講座数

（件）

区分	教　育 委員会	都道府県 知事部局 ・市町村 長部局	公民館 （類似施 設含む）	博物館	博 物 館 類似施設	青 少 年 教育施設	女性教育 施　　設	文化会館
平成４年度	81,681	188,220	187,053	−	−	11,312	3,545	42,059
平成７年度	85,507	180,709	188,133	−	−	9,148	4,237	39,555
平成10年度	106,688	240,852	273,719	−	−	10,857	7,957	36,208
平成13年度	167,400	230,419	354,120	−	−	14,392	7,151	54,880
平成16年度	164,632	207,793	491,156	17,663	20,771	16,718	7,555	56,632
平成20年度	140,100	165,893	469,546	20,586	25,003	17,882	9,936	93,101

（注）博物館及び博物館類似施設は平成17年度調査（平成16年度間）から調査している。

表1-2　施設等別の学級・講座の受講者数

（万人）

区分	教　育 委員会	都道府県 知事部局 ・市町村 長部局	公民館 （類似施 設含む）	博物館	博 物 館 類似施設	青 少 年 教育施設	女性教育 施　　設	文化会館
平成４年度	516	1,236	905	−	−	37	13	156
平成７年度	577	1,344	899	−	−	42	15	158
平成10年度	630	1,097	1,001	−	−	51	21	135
平成13年度	824	1,056	1,107	−	−	49	28	172
平成16年度	797	808	1,302	142	111	61	23	181
平成20年度	710	713	1,304	184	162	682	336	142

減少している。同じように職業訓練施設では五八万人から三八万人と減っている。

次に、表1-1で施設別、学級・講座数の推移は、教育委員会全体で、平成四年八万件から二〇年一四万件と増えているが、最盛期（平成一三年）の一六万件と比べると、減少していることは注意したい。首長部局は、同じように、一九万件から一七万件と下降している。最盛期（平成一〇年）は二四万件である。公民館で最も講座数の多いのは、平成一六年の四・九万件である。

学級・講座の受講者数は、表1-2のように、教育委員会で平成四年で五一六万人、最も多いのが一三年の八二五万人、二〇年には七一一万人と減少している。首長部局のほうは、平成四年で一二三六万人、七年一三四六万人でピークを迎え、二〇年には七一三万人と大幅に減少している。公民館は、平成四年九〇六万人が、二〇年で一三〇四万人と増加している。

学習内容別の学級・講座数は、平成二〇年で次のようにまとめることができる。

	教養	体育・レク	家庭	職業	市民意識
教育委員会	三六・一％	一七・七	三一・四	〇・九	一〇・五
首長部局	一九・一％	一二・二	四三・七	六・四	一九・四
公民館	五二・三％	一三・四	三・〇	〇・四	七・三

2　予算編成の骨格

生涯学習局が昭和六三年に開設されて、予算の骨格は、表1-3に示したように、三本柱または四本柱で編成するのが常のことであった。私もこの当時、局に社会教育官として在職していたので、編成のための会議に出席していた。毎年、夏になると、毎週月曜日の午後一時から午後の時間のすべてをかけて、課長職が集まり、局長の司会のもとで論議をした。

毎年、どのような柱を立てるかが、最も時間をかけて検討したように記憶している。局開設後、数年は大体この三本柱に近い大枠で予算を立てて施策を推進していた。特徴を概括すると、以下のようにまとめることができた（拙著『生涯学習事業の最前線』教育開発研究所、一九九二年、一七～一八頁）。

平成二年度の生涯学習局の予算は、三本の柱から成っている。一つめの柱は生涯学習基盤の整備ということである。具体的には、生涯学習推進体制の整備ということで、平成二年八月からスタートした生涯学習審議会、あるいは生涯学習モデル市町村事業、生涯学習センターの整備等である。

二つめの柱は、中教審答申に基づく学校の重視である。生涯学習拠点としての学校の重視ということで、放送大学、あるいは専修学校の整備、学校へのアクセスの多様化として定時制・通信制の整備、大学入学資格検定、受託研究員の受け入れ等に関する予算がかなり増えている。さらに、教育機関相互の連携強化、機能連携等に関する調査・研究、学校機能・施設の社会への開放等である。

表1-3　1990年の文部省予算（生涯学習局）

事　　項	1990年度 予算額
1　生涯学習基盤の整備	（百万円）
(1)　生涯学習推進体制の整備等 生涯学習審議会，生涯学習モデル市町村設置など	599
(2)　生涯学習センターの整備等	651
(3)　学習情報提供・相談体制の整備 学習情報提供システム整備など	274
(4)　生涯フェスティバルの開催	127
2　生涯学習と学校の役割	
(1)　生涯学習の基盤としての学校教育	−
(2)　生涯学習機関としての学校	
①新しいタイプの学校 放送大学の整備・充実，専修学校の振興など	9,405
②学校へのアクセスの多様化 定時制・通信制の整備，大学入学資格検定実施，受託研究員受入れなど	3,998
③教育機関相互の連携強化 単位互換，技能連携など	37
④学校の機能・施設の社会への開放 大学・高校・専修学校の開放講座，学校体育施設の開放など	2,038
3　社会教育の振興	
(1)　社会教育の諸条件の整備	
①社会教育施設整備拡充 公民館，図書館，博物館の整備など	21,977
②指導者等の充実 社会教育主事派遣，社会教育指導員設置，指導者研修など	3,992
③視聴覚教育条件の整備 地域映像情報の整備など	412
(2)　家庭教育の充実 家庭教育相談事業，家庭教育地域交流事業，家庭教育番組放送委託など	1,152
(3)　青少年教育の充実 自然生活へのチャレンジ推進事業，青少年ボランティア参加促進事業，青少年ふるさと学習特別推進事業，青少年科学活動促進事業など	419
(4)　多様な学習機会の整備	
①成人一般の学習機会の整備 情報活用能力育成講座，社会通信教育事業，教育ラジオ放送の実施など	717
②婦人の学習機会の整備 婦人の社会参加支援特別推進事業，ウイメンズ・ライフロング・カレッジの開設，婦人国際フェスティバルの開催など	202
③高齢者の学習機会の整備 長寿学園の開設など	351

三つめの柱は、従来の社会教育の振興で、表1-3に各課の予算が示されている。⑴は社会教育の諸条件の整備で、施設、指導者、視聴覚教育等、⑵は主として婦人教育課が行っている家庭教育の充実、⑶が青少年教育の充実、⑷が多様な学習機会の整備で、成人一般の学習機会の整備、婦人の学習機会の整備、高齢者の学習機会の整備等である。

1の基盤整備は、いずれの施策を推進のための基礎をつくることに主眼が置かれている。2は、従来から引き継いできた専修学校、放送大学、公開講座などをまとめたものだし、三つ目が各課が苦労して編成したものである。

それは、局に属する各課が新規事業を出していく場面である。ここで、社会の要求をくみ上げて注目される内容にしたて予算項目にしなければならない。このころは、各課別にその作業が行われていた。

その後、二〇〇〇（平成一二）年になると、予算概要は、表1-4のように、四本柱の編成になっている。平成二年と比較して、1の全国子どもプランは、この年の目玉事業であったので、トップに登上している。2のネットワーク化というのも、平成八年に答申された「地域における生涯学習機会の充実方策」（答申）の四本柱。（リカレント教育、ボランティア活動の支援、青少年の学校外活動、現代的課題）から予算化が進められていることがわかる。

3の学校の生涯学習機会の拡充は、一九九〇（平成二）年の放送大学、専修学校の振興の継承である。4の施設の整備は、同じように、所管のオリンピックセンター、科学博物館、婦人会館、青少年施設の整備費である。

表1-4　2000年の文部省予算（生涯学習局）

事　項	2000年度の予算額
1　全国子どもプラン（緊急3ヶ年戦略）の計画的推進	（百万円）
(1)　子どもの地域活動の振興	3,149
①子どもセンターの全国展開（拡充） 365地域　→　730地域	884
②衛星通信利用による「子ども放送局」推進事業等	2,265
(2)　子育てに夢を持てる家庭教育支援の推進	535
①子どもや親のための24時間電話相談に関する調査研究 子ども電話相談　16県　→　32県 家庭教育電話相談　16県　→　32県	155
②家庭教育手帳、パンフレットの作成・配布	380
2　生涯学習新ネットワーク化計画の推進	
(1)　生涯学習ボランティア活動の支援・推進	235
①生涯学習ボランティア100万人参加計画（新規）等	235
(2)　現代的課題の学習機会の充実	3,817
①地域ですすめる子ども外国語学習の推進（新規）	180
②生涯学習分野のNPOの連携によるまちづくり支援事業（新規） 47カ所	101
③子どもの心を育てる読書活動推進事業（新規）　24地域	162
④子育て支援ネットワークの充実（新規）	480
⑤0才からのジェンダー教育推進事業（新規）	38
⑥女性のエンパワーメントのための男女共同参画学習促進事業等	2,856
(3)　地域における生涯学習推進体制の整備	939
(4)　社会教育における人権教育の推進	1,984
①人権感覚育成事業（新規）等	1,984
(5)　学習資源デジタル化・ネットワーク化推進事業（新規）等	1,035
3　学校の生涯学習機能の拡充	
(1)　放送大学の充実・整備	12,115
①通信制大学院の創設準備	47
②アジア地域等における国際協力の調査研究（新規）等	12,068
(2)　学校開放の促進	524
(3)　専修学校教育の振興	1,315
①産学連携による専修学校高度職業人育成総合プロジェクト（新規）等	1,315
4　生涯学習基幹施設の整備推進	
(1)　国立社会教育施設の整備	18,323
①国立オリンピック記念青少年総合センター	3,923
②国立科学博物館	3,248
③国立青年の家	5,330
④国立少年自然の家	4,877
⑤国立南蔵王青少年野営場	133
⑥国立婦人教育会館	812

こうした子どもから高齢者まで全世代を対象とした予算編成が、二〇〇六（平成一八）年になると、従来の1教育改革、二〇〇〇（平成一二）年から開始された2「子どもプラン」、6生涯にわたる生涯学習の推進は前例踏襲になっている。しかし、2の内容は、子どもプランというタイトルは使っているが、実質は放課後対策である。

さらに、二〇〇六（平成一八）年以前には柱として登場してこなかった新しい柱として、3地域の教育力の再生、4家庭の教育力の向上、5再チャレンジというキーワードが出てきている。5再チャレンジは、団塊世代、専修学校、放送大学など、小中学校や児童・生徒関係でない事業内容である。ここで特記しなければならないのは、二〇〇六（平成一八）年から小中学校、家庭、地域など子ども関連予算が生涯学習局の目玉であり、予算額の多勢を占めるようになっていくのである。生涯学習局の予算編成のターニングポイントと判断することができる。

この傾向はさらに進行し、二〇一〇（平成二二）年になると、骨格は、1学校、家庭、地域の連携強協力、2教育改策、3局所管の基幹事業の三本柱である。二〇一一年度予算は、二〇一〇年度の踏襲となっている。

3　予算額の推移

これまで骨格、体系についてコメントしてきたが、予算額について言及してこなかった。ここでは、若干予算額についてふれておきたい。

予算額が年々減少しているので、局所管の施設管理費の割合が高くなっている。二〇一〇年度では、

表1-5　2011年の文部省予算（生涯学習政策局）

事　　項	2011年度 予 算 額
1　未来を拓く学びと学校の創造	（百万円）
未来を拓く学び・学校創造戦略（新規）	2,000
①学びのイノベーション事業（新規）	
②「新しい公共」型学校創造事業（新規）	
※国立教育政策研究所計上の一部（280百万円）含む	
2　新成長戦略の推進	
成長分野等における中核的専門人材養成の戦略的推進（新規）	519
3　学校・家庭・地域の連携協力の推進等	
(1)　学校・家庭・地域の連携協力促進事業	8,813
①学校・家庭・地域の連携による教育支援活動促進事業（新規）	
※学校支援地域本部事業，放課後子ども教室推進事業，家庭教育支援基盤形成事業を統合	
②地域ぐるみの学校安全体制整備推進事業	
③スクールカウンセラー等活用事業	
④スクールソーシャルワーカー活用事業	
⑤スクールヘルスリーダー派遣事業	
⑥帰国・外国人児童生徒受入促進事業	
⑦豊かな体験活動推進事業	
⑧専門的な職業系人材の育成推進事業	
(2)　生涯学習施策に関する調査研究　等	947
4　教育改革の推進	
(1)　中央教育審議会　等	61
(2)　基幹統計調査　等	335
5　生涯学習政策局所轄・所管機関	
(1)　国立教育政策研究所	3,848
※未来を拓く学び・学校創造戦略（新規）計上の一部（280百万円）再掲	
(2)　放送大学学園	8,833
(3)　独立行政法人国立科学博物館	3,392
(4)　独立行政法人国立女性教育会館	588

三三〇億円のうち約五〇%、二〇一一年度は、三〇〇億円のうち五五%と増加する。以下では、予算額の推進について言及してみることにしたい。

一九八八（昭和六三）年に生涯学習局が新設されて、新局の予算総額は四四〇億円、それから二〇〇〇（平成一二）年で四四〇億円と一二年前と予算総額は変わらない。子ども関連は、少し遡って二〇〇六年の予算額をみると、全国子どもプラン三七億円で一〇%に達していない。3学校の生涯学習機能の拡充は、内容を検討すると、子ども関連ではない。4所管施設の基幹事業は一八五億円で全体の四二%と、あいかわらず割合は高い。

二〇〇六年になると、局の総額は四〇〇億円と若干であるが減少している。内訳を見ると、子ども関連は放課後子どもプランが六六億円、地域の教育力が二六億円、家庭の教育力が一四億円などで、合計すると一〇六億円になる。総予算に占める割合は二七%となっている。

この割合が二〇一〇年には三分の一、二〇一一年度には二分の一に増加することは、特記されなければならないであろう。二〇一〇年度についても、子ども関連は、1未来を招く学びと学校の創造の二〇億円、3学校・家庭・地域の連携協力の一〇七億円を合計すると、一二七億円となり、局予算三〇〇億円の四二%を占めている。

このように見てくると、一九八八年の生涯学習局のスタート以後、社会の要請、人々のニーズを受けて、本来、子どもから高齢期に至る生涯学習を活発化させる施策が、子どもにシフトしていることがわかる。学習の場としても、家庭、学校、地域、広域圏、都道府県と空間的に広大していくのが実態であるが、子どもシフトが強いために子どもの生活圏域内に限定されている。

特に、最も新しい二〇一一年度について、若干詳しくみてみることにした。局予算の四二％を占める家庭、学校、地域の連携は、事業内容で、学校支援、放課後対策、スクールカウンセラー、ヘルスリーダー、ソーシャルワーカーなど予算は、学校内の支援に限定されている。

所管施設の管理運営に一六六億円（全体の五五％）が当てられる。いわゆる子ども関連の四二％と合計すると、九七％が執行されることになる。ここでの問題点は、何といっても、高齢化率が現在でも二〇％に達していて、これから二五％、三〇％と増加していく高齢者対象の事業ができないということである。

この問題は、本節で繰り返し指摘しているように、二〇〇四年を境にして、二〇〇五年、二〇〇六年と急上昇していく。子ども関連予算と高齢者対策は、反比例するように、予算額が減額されていくのである。たとえば、生涯学習局が旧社会教育局から引き継いだ高齢者教育促進事業（七一三市町村）、高齢者教室（六八九市町村）、ボランティア養成講座（一二五市町村）、高齢者人材活用（一四三市町村）、世代間交流事業（二六三事業）などは、すべて、一九九七年度で廃止された。

その後、新しい高齢者対象の事業は、登場してきていない。高齢者対象の学習関連事業は、文部科学省ではみられなくても、厚生労働省、内閣府、総務省などでいくつか見られるから、国の対策として皆無ということではないが、文部科学省に存在しなくていいかという疑問は残る。

二　カルチャーセンターの新しい歩み

二〇一一年六月に開催された東京都カルチャー事業協議会の総会と研究会であいさつをする機会があったので、私は、カルチャーセンターが全国レベルでみると事業所数と受講者数、売上高で、この数年減少傾向にあることを指摘すると共に活性化対策についても提案を行った。震災の三月一一日以降、カルチャーセンターの経営は厳しさを増すことが予測される。しかし、ピンチをチャンスに変えることはできるのだから新しい講座開発に活路を求めたい。

提案項目として、一つは厳しい経済状況を予測して、退職者も子育て後の女性も新しい学び直しで若干の収入を得るための講座をつくる。二つはシニアのための社会参加、地域貢献の学習、若い人向けの講座づくり。三つはe-ラーニングなどニューメディアの本格的導入。四つはハード面の改装と職員研修の四つを提言したい。

1　近年事業所数、受講者とも減少

カルチャーセンターの企業系列別事業所数は、平成一四年の六九三から一七年の六九八と近年ほとんど増えない。その内訳は表1-6のように、新聞社（二三・一％）、専業者（一九・六％）、その他（四〇・一％）が多く、放送局（九・三％）、百貨店・量販店（七・九％）は少ない。以下の数字は、経済産業省「特定サービス産業実態調査」から引用する（平成一八年以降この調査からカルチャーセ

表1-6　企業系列別事業所数

企業系列別	平成14年	平成17年	構成比（%）	前回比（%）
計	693	698	100.0	0.7
専業者	136	137	19.6	0.7
新聞社	158	161	23.1	1.9
放送局	68	65	9.3	▲4.4
百貨店・量販店	74	55	7.9	▲25.7
その他	257	280	40.1	8.9

資料出所：経済産業省「特定サービス産業実態調査」

表1-7　講座数規模別事業数

講座数規模別	平成14年	平成17年	構成比（%）	前回比（%）
計	693	698	100.0	0.7
10未満	57	△54	7.7	▲5.3
10以上50未満	194	△145	20.8	▲25.3
50以上100未満	118	139	19.9	17.8
100以上150未満	69	95	13.6	37.7
150以上200未満	83	△64	9.2	▲22.9
200以上300未満	74	75	10.7	1.4
300以上	98	126	18.1	28.6

資料出所：表1-6に同じ

ンターは除外された)。

表1-7を見ると講座数は、平成一四年と一七年で比較すると、三〇〇講座という最も多いものが、九八カ所から一二六カ所へと増えている。それと講座数が少ない五〇講座未満のものが二五一カ所から一九九カ所とかなり減っている、五〇～一五〇講座未満は、一八八から二三四カ所に増加している。就業者では男性二九・四%、女性七〇・六%と女性が圧倒的に多い、雇用形態では、常用雇用者は正社員三・

表1-8　領域別受講者数

領域別	延べ受講者数			
	平成14年	平成17年	構成比（%）	前回比（%）
計	7,457,982	7,097,867	100.0	▲4.8
教養の向上	960,496	898,152	12.7	▲6.5
趣味・けいこごと	3,735,958	3,415,083	48.1	▲8.6
体育・レクリエーション	2,016,495	2,274,072	32.0	12.8
家庭教育・家庭生活	279,646	203,686	2.9	▲27.2
職業知識・技術の向上	224,786	101,107	1.4	▲55.0
市民意識・社会連帯意識	39,465	16,835	0.2	▲57.3
その他	201,136	188,932	2.7	▲6.1

資料出所：表1-6に同じ

六%、パート・アルバイト一一・八%、講師七六・二%と講師の割合が高い。

領域別受講者数は、表1-8のように趣味・けいこごと（四八・一%）か約半数を占めていて、二位が体育・レクリエーション（三二・〇%）、三位は、教養の向上（一二・七%）である。この三つの分野で九割以上に達していて、その他の分野は極端に少ない。

年間の営業費用では、給与（四二・九%）、その他（三三・九%）、賃借料（一六・八%）が多い割合で広告・宣伝費は四・九%と少ない。都道府県別の事業所数は、以下のように集計されている。

	都道府県名	事業所数	%
1	兵庫	七二	一〇・三
2	東京	六六	九・五
3	神奈川	五二	七・四
4	大阪	四一	五・九
5	愛知	三八	五・四
6	福岡	三二	四・六

7　北海道　三一　四・四
8　広　島　二七　三・九
9　千　葉　二五　三・六
10　京　都　二五　三・六

東京、横浜、大阪、名古屋などの大都市が数多いのは当然と考えられるが、兵庫が全国第一位というのは、やや意外である。神戸市と阪神間に多く開設されているということだろう。

2　受講者数は減少傾向

業界の主要数字（平成一七年と二二年の推移）を表1-9でみると、受講者数は、六五〇万人から六三六万人と若干減少している。講座数は六五万から七三万とやや増えている。本来、講座数が増えれば、受講者数は増加するはずであるが、現状はそうならない。

受講者を増やす対策の一番目は、このように講座数を増やすことによって、どれか当たってくれるだろうと願うのである。しかし、現実はなかなかそうはいかないのである。

表1-9　業界の主要数字の推移

	平成17	平成20	平成22
売上高	321億円	315億円	313億円
受講者数	650万人	663万人	636万人
講座数	65万	74万	73万
従業員数	2458人	2421人	2545人
講師数	3.4万人	3.7万人	3.8万人

資料出所：経産省「特定サービス産業動態統計」平成22年版

従業員数は、二〇〇〇人台で増減はないとみてよいだろう。この数は常勤雇用者のうちの正社員の数で、パート・アルバイトという非常勤は含まれていない。いずれにしても、最も大事な受講者数が、わずかとはいえ減少していることは見逃すことのできないことである。

受講者の動向は、二〇一一年三月に未曾有の大地震が起こり、どうなるのかが注目された。その結果、関係者のヒヤリングで次のようなことがわかった。

・関係者は三月一一日の東日本大震災の影響がかなり大きいと予想して、減少の割合は三割とみたが、四月の開講で一割程度にとどまった。

・特に常連客（リピーター）は、全国的にやめた人はほとんどいなかった。

・常連客が、こういうときだからこそ中断しないで続けようと仲間どうし声をかけ合って、知り合いを講座にさそった。

3　個別企業の動向

個別のカルチャーセンターの売り上げについて、一九九一年から二〇一〇年までの推移を調べてみた（日経流通新聞「サービス業総合調査」）。

まず、注目した傾向は、多くの企業の数字がこの数年減少しているということである。これまで多くの生涯学習関連事業が右肩上がりで推移し、下降してきたということはなかったので、業界としては驚きをかくせないとはいえ有効な手段を打ちたいところである。

そうすると、売上高のピークはいつだったのかということになる。各社別にみていくことにしたい。

NHK文化センター	二〇〇三年	（九四億円）
㈱カルチャー	二〇一〇年	（六八億円）
読売・日本テレビ文化センター	一九九八年	（五一億円）
朝日カルチャーセンター新宿	一九九六年	（三六億円）
朝日カルチャーセンター大阪	一九九六年	（二二億円）
東急センターBE	二〇〇三年	（一五億円）
西武コミュニティカレッジ	一九九六年	（二〇億円）
近鉄文化サロン	二〇〇五年	（一五億円）
道新文化センター	二〇〇五年	（一〇億円）
神戸新聞文化センター	二〇〇一年	（七億円）
SBS学園（静岡）	二〇〇二年	（八億円）
ヴォーグ学園	一九九五年	（六億円）
朝日カルチャーセンター福岡	二〇〇二年	（六億円）
朝日カルチャーセンター名古屋	二〇〇二年	（六億円）
毎日文化センター	一九九七年	（五億円）
中国新聞情報文化センター	一九九一年	（五億円）

これらの数字をみると、ピーク時は二つあったように思われる。一つは一九九六～九八年で、読売・

表1-10　各社の売り上げ高の推移

（単位：百万円）

		1991	1995	2000	2005	2010
NHK 文化センター	東　京	5,319	7,603	9,280	9,320	8,977
カルチャー	神奈川	1,393	2,214	3,720	5,479	6,836
読売・日本テレビ文化センター	東　京	3,201	4,661	4,913	4,182	4,140
朝日カルチャーセンター（新宿・横浜・湘南）	東　京		3,668	3,057	2,879	4,625
東京急行電鉄（東急セミナー BE）	東　京		1,100	1,250	1,500	1,144
西武百貨店（コミュニティカレッジ）	東　京			1,594	1,336	3,642
朝日カルチャーセンター	大　阪	2,300	1,952	2,000	1,463	−
近鉄百貨店（近鉄文化サロン）	大　阪			1,270	1,487	1,141
道新文化センター	北海道	355	424	929	1,017	902
	大　阪		835	760		
神戸新聞文化センター	兵　庫				595	673
SBS 学苑	静　岡			730	652	631
ヴォーグ学園	東　京		890	650	550	
	大　阪	635	643	489	659	
朝日カルチャーセンター（北九州，福岡）	福　岡				490	−
朝日カルチャーセンター（名古屋）	愛　知				515	−
毎日文化センター	愛　知		503	450	358	358
静岡朝日テレビカルチャー（けんみんカルチャーセンター）	静　岡		154	204	293	
東京文化センター（東京新聞サンシャインシティ文化センター）	東　京				132	
中国新聞情報文化センター	広　島	483	438	430	215	
毎日企画サービス（毎日文化センター）	東　京				59	338
東武カルチュア（東武カルチャースクール）	東　京	361	530	587		354
名古屋鉄道（熱田の森文化センター）	愛　知		414	413		
東方読売文化サロン	大　阪	150	164	196		
西友（西友コミュニティカレッジ）	東　京	390	421	235		
京都近鉄百貨店（東都近鉄文化サロン）	京　都		255			
三越（日本橋三越カルチャーセンター）	東　京		400			

資料出所：日経流通新聞から作成

日本テレビ、朝日カルチャー新宿、東急ＢＥ、西武コミュニティカレッジ、朝日カルチャー大阪、毎日文化センターなど五社があり、リスト化していないが、名古屋鉄道・熱田の森文化センター（四億円）、東武カルチャー（六億円）、西友（四億円）、三越カルチャーセンター（五億円）、イセタン（三億円）、ヴォーグ学園（八億円）など六社がある。数的には、この時期が最も多かった。

もう一つの山は、二〇〇一～〇三年で、ＮＨＫ文化センター、東急ＢＥ、神戸新聞、ＳＢＳ学園、朝日カルチャー福岡・名古屋、毎日など6社がある。

ピークは二つあったが、二〇〇六年以降はほとんどのカルチャーセンターが売り上げを減少させている。例外的に増えているのは、㈱カルチャーが二〇一〇年（六八億円）、朝日カルチャー（三六億円）の二社がある。

前者については、一事業所当たりの売上高は伸びていないが、事業所の数が毎年増えるので会社的に微増した。後者については、新宿を中心とした数字が、二〇一〇年に札幌、名古屋、大阪、福岡などが合併したために、売上額が大幅に増加しているわけである。

近年、カルチャーセンターの事業所が開業することはきわめて少なくなっている。新設情報は㈱カルチャーが数多く、それ以外は例外的という感じである。

・㈱カルチャーは、平成二三年現在八五店で開業

二〇〇九年開業　津田沼、高崎、大津、内部の人材育成に力を入れた年

二〇一〇年　　甲府、藤沢

二〇一一年秋　古河、仙台、鴻巣《こうのす》

・二〇一〇年四月　銀座おとな塾（産経学園）、東急Ｂｅ　渋谷は廃止（ビル建替）

一〇月　東急Ｂｅ　二子多摩川、自由ヶ丘、たまプラザ

・二〇〇七年一〇月　東武　富士見野、ＮＨＫ梅田

・二〇一〇年七月　ＮＨＫ　ＪＲ東日本と協同して「大人の休日」会員一三〇万人対象、神田に教室を開き「シルクロード」講座開設、全国展開を計画

・ショッピングセンターへのカルチャーセンター進出が頭打ち

㈱カルチャーは、これまで八五カ所に進出してきたが、近年は目ぼしい進出はみられない。後発として、十字屋（本社京都）が二〇カ所進出、目標五〇カ所をめざしている。産経学園（三番手）守口、奈良、富ヶ谷（旭屋とジョイント）、学習塾、書店（有隣堂）も新規参入している。

３　停滞を脱却するために

全国的に事業所数は、かつての右肩上がりで増加していた時代から、数年前より閉鎖したり廃業する事業所が出てくることによって減少に向かったことは確かなようである。それにともなって受講者の数は、この数年で一〇万人ほど減った。全国的に厳しい状況になっているといわざるを得ない。

それでは、これらの数字をみてカルチャーセンターの明日は暗いとみなければいけないのか。私は、決してそうは考えない。確かに、わが国の経済見通しはなかなか好転しないし、不況のなかの増税が

ほぼ確定し、予測は厳しいものがある。倹約志向も高まるであろう。

こういう時代だからこそ、人々は現実に負けないために、夢を求めたり自分にとって楽しみを追求することに一生懸命になる。総じていえば、学習ニーズが高まることはまちがいない。ただ、私は、学習の内容は震災の三月一一日以降、大きく変わっていくのではないかと考えている。講座開発者に考慮してほしいのは以下の点である。

最も大事なことは、学んだ成果を活かして、収入の足しになる種目を学びたい。退職後のシニアも、年金だけでは不安なので、年金にプラスした収入を得たい。また、子育て後の女性も、アルバイトやパートから脱出して、手に職をつけたり、技を磨いて効率よく働きたいという気持ちが高まっている。カルチャーセンターは、このニーズに答えていく必要がある。

私は、平成二二年度、厚生労働省の委託（健康生きがい開発財団）で「シニアの生きがい就労に関する調査」に参画した。全国から三〇〇事例を集めて分析し、近年新しい働き方が登場していることに驚かれた。そのノウハウの支援はカルチャーセンターで講座化できると思った。これは、シルバー人材センターなどの就労に対して、趣味や好きな活動を通して収入を得ようとする働き方で、パソコンのソフト開発、葉っぱビジネス、竹炭み販売、高齢者向きの軽食堂や弁当配食など多彩な収入源で、現地に当たったが、その技術獲得のノウハウはカルチャーセンターにたくさん内在している。

次に停滞から脱出の糸口になると思われるのは、中高年対策と若い人向けの講座づくりを工夫することである。中高年対策は、前述の収入源にしていくことは述べたので、ここでは、地域参加など社会貢献活動のノウハウを身につける講座を提案したい。これまで、市役所や大学の公開講座で提供してきたのであるが、一定数の受講者が確保されている。

私は、行政と大学の提供するこうした講座のプログラムづくりと講師を務めてきたが、どちらも一度受講すると数年は継続的に受講し、ＯＢ会や研究会をつくり、そのうちの何人かは専門的に学習を続けたいと大学院に進学した人も数人出てきた。

いっぽう、若い人向けの講座については、全国民間カルチャー事業協議会の機関誌「カルチャーエイジ」五五号（平成一九年前期号八月、三四—四八頁）に、調査結果が掲載されたので引用させてもらった。

1．若い女性は受講者全体の何割…二割前後で一〇年前と比べると、一割位伸びてきた

2．どのジャンル…スポーツ、健康（太極拳、ヨガ、ウォーキング）、ダンス（エアロビクス、ジャズダンス）

3．講座づくりのための種類収集の方法…女性誌、インターネット、テレビ番組、地域のフリーペーパーも近年は活用

4．講座づくりの成功策…回数と内容を自由選択を導入（フラワー）、団塊世代の変身願望に訴えた、熟年夫婦で受講できる講座の開発

三つ目の提案は、ｅ-ラーニングを含めたマスメディア対応の必要性である。ＮＨＫ文化センターは全国五四支社の情報の統一化を行い、人気講座、各講座の変動など一元管理が可能となり、事務の

能率化に役立てた。全国規模の展開をする「よみうりユニオン」も導入を検討中である。朝日カルチャーセンターは、前述のように東京が中核になって、それぞれ別経営の札幌、名古屋、福岡を一元化し企業合併した。

e-ラーニングについては、NHK文化センターは、平成一九年度講座をスタートさせ、一年間の実績は目標一万人を達成できなかったようである。各社のホームページ開設動向は、以下のような状況になっている（「自社のホームページ開設動向調査」全国民間カルチャー事業協議会『カルチャーエイジ』五九号　二〇〇九年前期号）。

二〇〇一年調査　日常的にインターネットの利用

四八社のうち三二社、ホームページの運用　二六社（五四％）

二〇〇九年調査　四八社のち一社のみ運用していない。HPも開設していない。

HP上で予約申し込み可能　五七％

図1-1　トップページのアクセス件数〈回答47団体〉

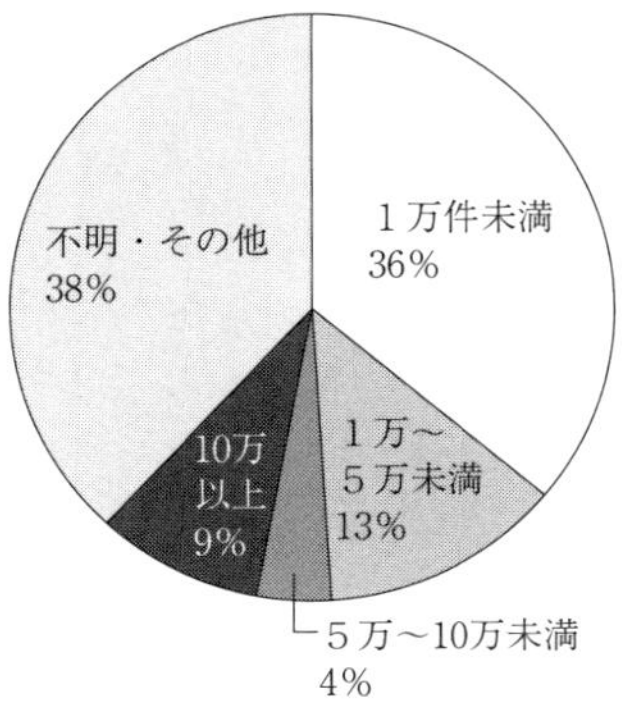

図1-2　HPからの受講予約・申し込みの比率〈回答27団体〉

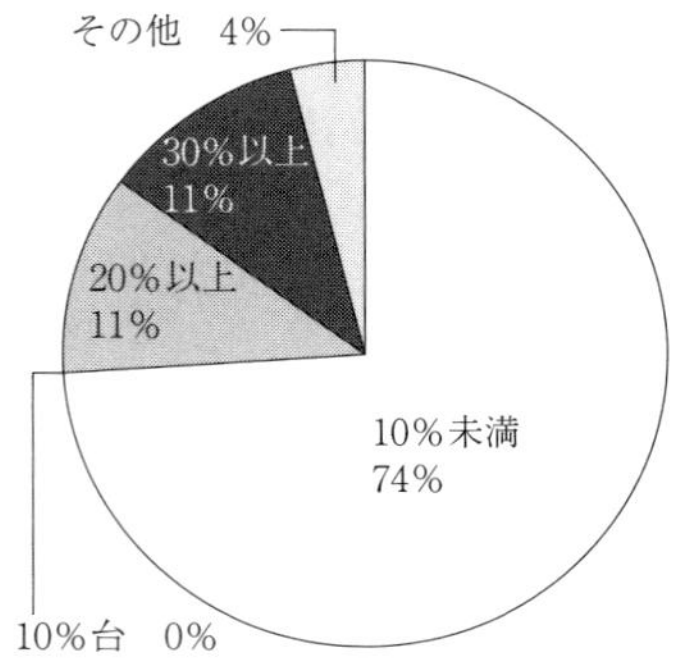

ＡＣＣ東京三〇％以上の三八％で、最高値受講料の決済　東急Ｂｅ、ＮＨＫ文化センター、中日文化センター。

ＨＰで広告掲載　六団体（一三％）

四つは、その他の改善策としてハード面と人材面で言及してみたい。ハード面は、カルチャーセンターも大手では最も古い事業所が朝日カルチャーセンター（昭和四九年）であるが、新宿住友ビルの教室も平成一八～一九年度に全面改装した。多くの同業者が売上げ減少のなかで一社だけ、六・四％の増加をはかった。

同じように、ＮＨＫ文化センターも昭和五四年に青山教室を開設したが、受講者の要望を受けて従来の教室を半分の面積にして小さな教室を増やす改装によって受講者を増やした。人材面では、自社内での研修は難しいので、全国協議会、都道府県協議会の開催に各社とも希望している。これまで以上に、協議会は研修に力を入れる必要がある。

三　大学公開講座の今日的動向

毎年六月に開催される全国大会公開講座研究会（代表幹事山口耕司国学院大学エスクテンション事業課長）は、平成二三年は、國学院大学渋谷キャンパスで、「生涯学習を取り巻く環境と今後求められるもの」をテーマとして、文部科学省生涯学習推進課平山大補佐と私が講師になって開催された。

平山補佐は、二二年一一月、「公開シンポジウム」（京都ガーデンパレス）では、文科省調査「高等教育機関が設置する生涯学習系センターの役割と機能」（平成二二年三月）を使って、概要の説明をした。これに引き続き、二三年の総会では、「公開講座の実施する大学経営に及ぼす効果に関する調査研究」（平成二三年三月）をレクチャーした。ここでは私の講演の概略と文科省の二つの調査を引用して、大学公開講座、今日的動向をまとめてみたい。

1　公開講座のニーズの実態と提供の現状

大学公開講座のニーズについて調査結果を引用すると、内閣府調査は、表1‐11のように、受講希望が四〇・六%とかなり高い数字が出ている。実際に受講している割合は、高校・専修学

表1-11　公開講座の受講希望

（%）

	平成4	平成12	平成17
受けてみたい	40.6	38.4	35.0
一概に言えない	12.8	13.1	18.2
そうは思わない	41.1	44.8	39.8

資料出所：内閣府「生涯学習に関する世論調査」平成20年

表1-12　公開講座の内容

（%）

	専門・職業	現代的課題	一般教養	語学	趣味	スポーツ	その他
国立	26.5	27.9	21.5	5.3	9.5	6.6	2.7
公立	28.5	38.0	23.7	3.2	2.7	1.0	2.7
私立	16.4	14.7	25.2	22.3	14.6	3.0	3.8
大学計（H12年）	28.4	19.2	17.2	16.8	11.8	5.0	1.6
大学計（H17年）	18.2	17.4	24.7	19.4	13.4	3.3	3.6
大学計（H20年）	15.0	13.4	29.4	18.8	14.6	4.8	3.9

資料出所：文科省「開かれた大学づくりに関する調査」

校を含めても九・四％となっている。ネットワーク多摩の「生涯学習ニーズ調査」（二〇〇三年）では、九・〇％という数字が出ている。希望率の三五・〇％という数字は、あまりにも高い数字である。

現在の公開講座受講者数を一二〇万人とみると、学習人口二〇〇〇万人として、およそ対人口比六％とみていいのではないかと思われる。カルチャーセンターの六〇〇万人と比べると、大学公開講座の学習率はかなり低いといえる。

最近の学習ニーズの特徴を学習行動、関心ある人（率）の変化でみると、以下のようになる（ＮＨＫ放送文化研究所「放送研究と調査」二〇〇八年八月）。

	学習行動	学習関心（顕在的）	同（顕在＋潜在的）
一九八二調査	四〇・二％	五〇・五％	八六・八％
一九八五調査	五〇・四％	五八・五％	九一・二％
一九八八調査	四五・〇％	五八・五％	八九・六％
一九九三調査	四四・七％	五六・六％	八九・九％
一九九八調査	四〇・一％	四九・六％	八九・八％
二〇〇八調査	三四・七％	七七・三％	九二・〇％

こうした需要面の特徴を受けて、大学公開講座は、カルチャーセンターと比べて受講者の数が平成六年が六一万人（カルチャーセンター九一万人）、一七年が一一〇万人（六五〇万人）、二〇年が一一

○万人（六七〇万人）と伸び率がよくない。提供の特徴として、以下の事柄がいえそうである（詳しくは、拙著『第二ステージの大学公開講座』学文社　二〇〇九年）。

①受講料収入の伸び悩み

カルチャーセンター　ＮＨＫ文化センター（九二億円）、朝日カルチャーセンター（三〇億円）、読売（四一億円）、東急Ｂｅ（一四億円）、西武（一三億円）

大学公開講座　早稲田大（二〇億円）、明治大（一一億円）

②サテライトキャンパスの進出

東京駅サピアタワー（関西の私大）

東京リエゾンオフィス（静岡、広島、鹿児島大）

虎ノ門（福岡大、金沢工大）

地方都市、大都市郊外から都心へ進出

③運営経費の高騰

正規職員の削減、非常勤職員の採用、外注、派遣職員、学生バイト、講師料の値下げ

④トリガーとなる人気講座が出てこない

かつて、エアロビクス、ジャズダンス、語学（英会話、イタリア語、スペイン語、韓国語など）

⑤競争の激化

カルチャーセンターとの競合

自治体の県民カレッジ、シニア大学、ＮＰＯ、住民団体、市民大学

⑥シニア対策

シニアを大学に受け入れるメリット（シニアの知識、経験を大学に還流、シニアが若い学生に刺激を与える。私語がなくなる。大学の評判が地域に広がる。入試によい影響。修了後に地域で活動する人を増加させる）。

以下では、公開講座の受講者対策について、ハード面、ソフト面、職員に求められることの三本柱で、まとめてみることにしたい（前掲書二六七～二六九頁参照）。

① ハード面の対策

(1) 教室確保の難しさ ⇓ 土曜、日曜、夜間

(2) 設備の老朽化 ⇓ 更新、バリアフリー対策

(3) 立地の問題 ⇓ サテライト、レンタル教室

② ソフト面の対策

(1) 専属セクション 一人でもよい

(2) 学内株式会社（明治大学、桜美林大学）

(3) 運営の外部委託（パンフ制作、募集、受付）

(4) 講師の外部調達

(5) 講座内容のスケールメリット （後期）最低一〇〇講座

一講座二〇名 二〇〇〇人の受講者

各々の大学の特徴を出す（上智大の語学、工科系のハイテク関連、明治大・多摩大のビジネ

ス系、女子大系の生活文化)。

(6)　広　報

印刷費の高いパンフレット　⇩　チラシ、ネットによる申込み

(7)　人気講座（トリガー講座）

かつてのヨガ、エアロビクスのようなものはない。不易と流行

(8)　受講料の値上げはむずかしい

半期払い　⇩　月額制、チケット制

③　職員に求められること

(1)　採用、異動（専門職としての採用）

学内公募の導入（早稲田大）

(2)　学内著名講師の招聘

学内教員の調達（講演歴、著書など）、熱心に獲得。専門的講座はコーディネーターとして登用

(3)　シニア対策

東京経済大、関西国際大、広島大、作新学院大、大阪商業大、立教大、園田学園女子大、旅行会社のサマーカレッジ（JTB、近畿日本ツーリスト、日本旅行など）

(4)　地元の自治体、企業、民間団体などとの連携

たとえば、相模原市の市民大学制度（講師謝金は市が負担。但し収益を出すことはダメ）

(5)　職員の能力開発、研修
文部科学省：平成元年以降、学びピア（生涯学習フェスティバル）を開催
会期五日間　二日間　大学公開講座セミナー　⇓　数年前に中止
全国大学公開講座研究会の主催
全日本大学開放推進機構（ＵＥＪ）

(6)　大学連携組織の設立
全国規模でなく、都道府県、政令指定都市レベル
大学コンソーシアム（一五）：正規学生のための単位互換、インターンシップ、就職ガイダンスなど、大学公開講座への取り組みは熱心でない。都道府県の生涯学習課に働きかけて、国公私立大学でＵＥＪをつくった

(7)　他流試合のすすめ
同業の会合、研究会も重要だが、自治体、企業、カルチャーセンターなどの担当者との集まり、会合への積極的な参加・人脈つくり
「東京都カルチャー協議会総会」「全国民間カルチャー協議会総会」

2　増加する大学の生涯学習センター

生涯学習政策局は、『高等教育機関が設置する生涯学習系センターの役割と機能に関する調査研究』（平成二二年三月、以下センター調査と略す）を発表した。調査対象は、国立三四、公立二九、私立

一六四、私立短大四九の合計三四五、回答は三一三で回収率九〇・七％であった。

組織の設立年は、一九八九年以前（一五・七％）、一九九〇〜九九年（三八・〇％）、二〇〇〇〜〇四年（二九・四％）、二〇〇五年以降（一五・三％）である。以下で調査の実態を引用してみることにしたい。

(1)　センターの役割と機能

運営における重視点は、以下の順位である。

①　受講生や利用者の満足度の向上　七二・二％
②　質の高い市民講座の開催　五五・〇％
③　学校の知名度、認知度の向上　五一・四％
④　学内の知識・研究の地域への公開　四五・〇％
⑤　学校や学長の方針に沿った組織運営　三〇・〇％

センターは、「学内においてどのような視点から評価されることが望ましいか」という項目は、以下の数値になる。

①　地域との連携　七四・四％
②　市民講座の集客力　五九・七％
③　学校へのＰＲ効果　五二・七％
④　学校の教育活動の実施　二六・二％

業務内容の労力の割合について、「市民講座の公開」（五四・一％）、「地域連携事務」（一七・二

％）、「窓口事務」（一一・九％）、「教育、研修活動（九・五％）となる。人員体制は、教員の場合、専任が国立一・二三人、公立三・七六人、私立〇・四六、事務職員は、常勤で国立〇・五六人、公立一・一〇人、私立一・七八人と数は少なく、兼任非常勤でセンターを運営している。職員の研修については、「実施していない」が六割と多く、「学外研修」（三〇％）が若干ではあるが実施されている。

予算額については、平成一七年で平均額二一八五万円が二一年で二〇三五万人と下降している。設置者別では、平成二一年で国立七二三万円、公立一一〇六万円に比べて私立三一九八万円と私立がかなり目立って多くなっている。

センターで実施している活動は、①　公開講座（九七・四％）、②　自治体への協力（七四・四％）、③　学部、大学院の科目担当（六九・三％）、④　地域との連絡窓口（六五・五％）、⑤　生涯学習に関する研究活動（四一・五％）である。

図1-3　平成20年度に開催した市民講座の総講座数

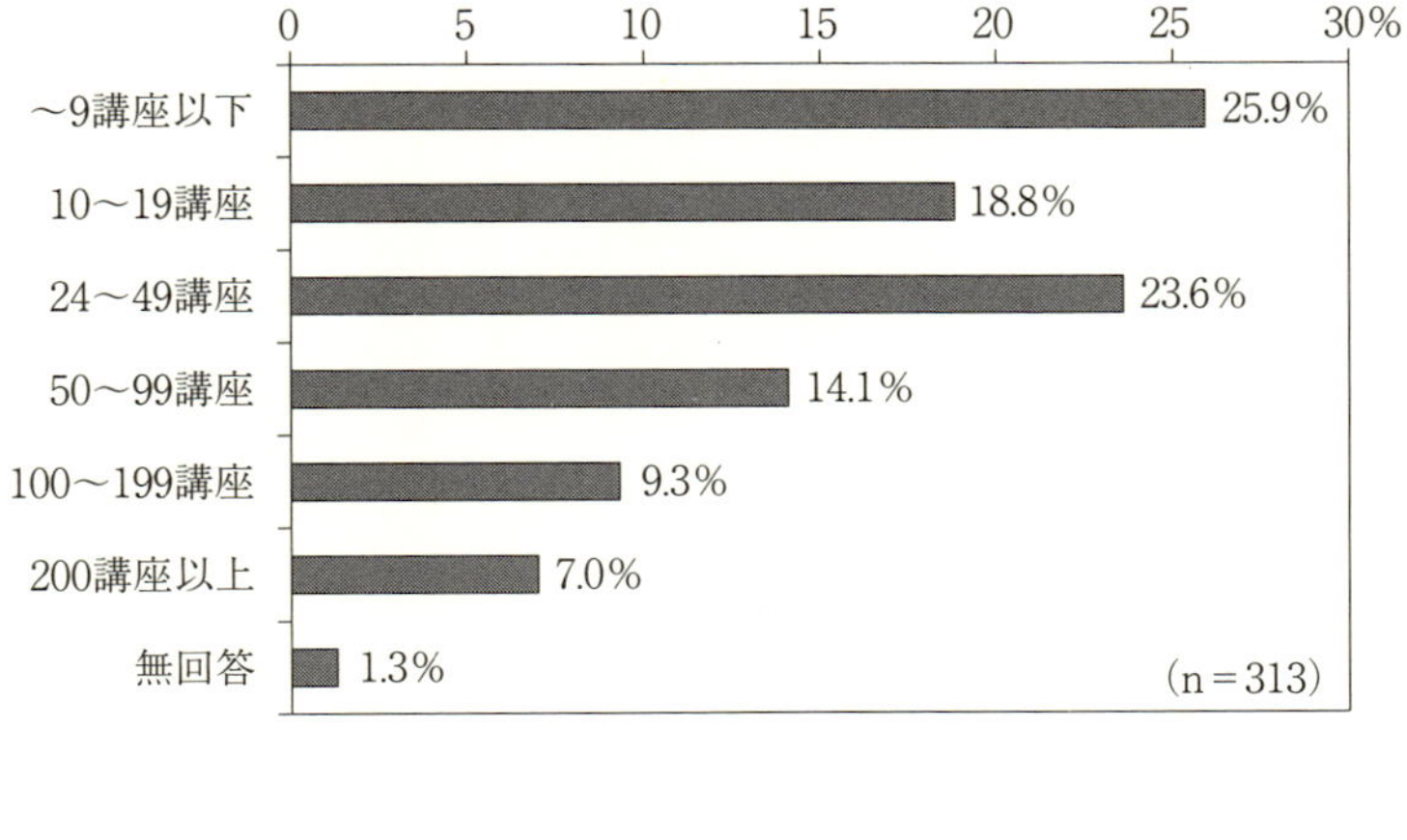

平成二〇年度に開催した講座の総講座数は、図1-3のように、最も多い講座数は、二〇～四九講座国立（三八・五％）、公立（三三・三％）、が最も多く、私立は、九講座以下という割合が二一・五％と多い。

市民講座のニーズ把握は、① 受講生に対するアンケート　八六・九％、② これまでの受講者数の多寡　六五・二％、③ 自治体からの情報収集　二四・〇％となっている。

講師の謝金（一コマあたり九〇分）は、学内八七四八円、学外二〇三五六円で、学内は、国公立は三〇〇〇円台、私立は一一〇〇〇円である。学外は、各々一一〇〇〇円、一九〇〇〇円、二三〇〇〇円となっている。

市民講座での工夫

① 受講者アンケートの講師へのフィードバック　六八・七％

② WEBサイトの利用　三九・〇％

③ 自己点検、評価の実施　二八・一％

④ サテライトの講座実施　二七・二％

⑤ 学外講師の募集　一六・六％

事業収入額は、平均で二〇〇〇万円で、八五％は、講座受講料で、国・自治体からの補助金が一〇％、その他の寄付金五％である、国立は合計収入五五〇万円で、割合は四五％、三六％、二四％、公立は四〇％、四五％、一五％、私立は九〇％、七％、三％という数字である。

運営上の課題は、① 人材不足（五二・一％）、② 講座の集客が難しい（四七・九％）、③ 平等不足（三二・六％）、④　設備の水不足（二九・一％）、⑤　運営上のノウハウの不足（二四・三％）である。

本報告書は、第四章で分析・考察を行っている（同書一〇三〜一〇九頁）。センターの現状分析については、⑴市民講座への役割常識と活動の実態で「受講生や利用者の満足度の向上」、「質の高い市民講座の開催」を重視している。しかし、人員体制で、教職員の人材育成が余り実施されていないことが問題である、⑵学内、地域への貢献活動は重視されているが、人材不足のためにあまり積極的に自治体や企業へのアプローチが活発でないと指摘される。

本調査は、アンケートとヒヤリング（七大学）で実施された。ヒヤリングのまとめとしては、以下の四点が指摘されている。一つは、地域貢献という役割意識の明確さがあげられた。これは、地域で活躍する人材の育成・輩出すること以外に解決策はない。二つは、高等教育機関の魅力を活かす講座設定である。特徴のある学部、学科の講座を開催したり、中高年向けに体系性をもたせたカリキュラム設計が求められる。三つは、学内外をつなぐ活動の実施である。学内では、運営委員会への参加、学内教員へのPRを求めている。学内講師の発掘として、「シラバス、新聞記事、外部講演記録などのチェック」を提案する。四つは、企画力マネジメント力、生涯学習、地域連携に関する専門性、コミュニケーション力等のヒューマンスキルを有する人材の存在で、ある。地域の生涯学習の活性化に寄与するためには、上述の力を持つ人材がセンター内にいなければならないと指摘する。

3　公開講座が大学経営に及ぼす影響

平成二二年度の調査は、「公開講座の実施が大学経営に及ぼす効果」をテーマにして、収支と広報の二点に焦点を当て、要因分析に基づいて解決方策について分析した。調査方法として、収支面で一〇の大学、広報面で六大学の事例調査が行われた。

この二つの調査に加えて、大学経営者に経営意識調査（上述の一六大学）も実施された。まず、大学経営への効果については、大別して四つの項目が強調された。

① 広報効果（認知度向上、イメージアップ、教員・研究のＰＲ）
② ネットワーク構築効果（自治体との連携、市民との連携）
③ 学生、教員に対する教育効果
④ その他（教員の新たな活躍の場、科目等履修との連携や新たな学生の獲得）

以下では、これらの項目の具体例をいくつか引用してみることにしたい（同書一〇～一四頁）。

経営層ヒヤリングでは、「大学の知の開放」について、次の意見が寄せられている。

〈大学の知の開放〉

・本学では、本学は収益のためではなく、社会貢献の一環として公開講座を実施している。大学の持っている知的財産を広く社会に還元していくという意識で位置づけている。

・大学では、「教育」「研究」「社会貢献」という三つの柱を、並列に力をいれてやっている。その中で、第三の柱である社会貢献部分について、公開講座には期待している。公開講座を通じて、開かれた大学として、地域に大学を役立てていただきたい。公開講座の活動は、単に儲ければ良いというわけではなく、収支を見つつ、地域に知を還元していくことが重要。

〈地域の生涯学習機関の中核〉

・大学の公開講座部門が、市が運営する公開講座の企画のお手伝いをするなど、大学が市の生涯学習の推進拠点のような役割を果たしている部分もある。

・大学の公開講座は、地域で唯一の高等教育機関として「市民の生涯学習ニーズに応える」という役割が大きい。また、地域の様々な講座を提供する機関と競合にならないように、既に地域の団体・個人が実施している内容の講座については、大学では実施しない。

〈地域の生涯学習推進人材の育成〉

・受講生が、学んだ知識を活かして地域で活躍している例も多い。ストーリーテリング（読み聞かせ）講座の受講生には、ボランティアで小学校や図書館で読み聞かせを行っている人もいる。ネットワーク構築効果については、自治体との連携が語られている。

・大学の公開講座部門が市の運営する公開講座の企画を手伝っている。

・自治体との協力で講座を開催している。

市民との連携については、受講生がボランティアをしている（大学行事の交通整理・清掃）、地域の声を聞くことができるなどが寄せられている、学生に対する教育効果としては、地域住民や高齢者の理解、職業体験の機会になる。教員についての効果は、学生とは違った刺激を受ける、専門分野の視野が拡大するなどがある。

四　大学公開講座の活用法

日本の生涯学習は、欧米の大学中心と異なって、大学をはじめ、行政・カルチャーセンター・各種団体など、とても多様なセクターから提供されているのが大きな特徴である。それだけに、生涯学習分野では、大学の力が相対的には小さくなっているのが現況である。大学が提供する公開講座の受講者は、平成一八年の六五万人から二〇年には一一五万人にまで増加しているが、カルチャーセンターの受講者数は、一八年の七一万人から二〇年には六六三万人と大幅に増加している。

両者は、講座の目的も内容も成果もまったく異なっているので、同一線上で論じることはできない。しかし、大学公開講座ならではの魅力とメリットを高めて、多くの受講者を増やしていかないといけないであろう。ここでは、大学公開講座の目的と内容を理解して、どこの大学の何を選ぶかについて述べ、さらに履修後の成果、学習継続の方向についても、言及してみたいと思う。

1　講座選択の目的と内容

大学公開講座（以下：公開講座）を受講する目的は、人によってそれぞれ違う。大事なことは、自分が何のために学習するのかということである。そして、なぜ大学を選択するのか初めにじっくり考えてみる必要がある。

文部科学省（以下：文科省）の調査（開かれた大学づくりに関する調査二〇〇五年）によると、受講目的は次のようになっている。

① 知識・教養を深めたい　八六・二％
② 余暇を充実させたい　六五・九％
③ 交流関係を深めたい　三三・七％
④ 専門知識・技術を習得したい　二四・二％
⑤ 仕事に役立てたい　一四・五％

目的は一つだけでなく、二つまたは三つあってもよいと思う。自分が何のために学習するのか、きちんとした目的意識を、しっかりともって臨むことが大切である。目的がはっきりと決まると、次に受講する講座の内容も明確になってくる。

参考までに、日本の大学全体で実施されている公開講座の種類別の比率を、同調査から引用してみた。

① 一般教養　二四・七％
② 語学　一九・四％
③ 専門・職業　一八・二％
④ 現代的課題　一七・四％
⑤ 趣味　一三・四％
⑥ その他　三・六％

⑦　スポーツ　　　三・三％

この調査では、便宜的に七つの分野に分けていて、受講者が実際に選択する講座は一般教養であれば、自分史・笑い・聖書・江戸期・心理学・源氏物語などと数多い科目が提供されている。

ちなみに、一大学あたりの公開講座の講座数がどうなっているかを調べてみると、同調査では以下のように分布している。

・九講座以下　　　二五・九％
・一〇〜一九講座　　一八・八％
・二〇〜四九講座　　二三・六％
・五〇〜九九講座　　一四・一％
・一〇〇〜一九九講座　九・三％
・二〇〇講座以上　　七・〇％

公開講座の内容や種類は、各大学によって千差万別である。選択にあたっては、多くの人が大学のブランド（イメージ）を重視するが、この講座数の規模というのも大事な選択肢になっている。つまり、専門店かデパートかという選び方である。

2　どこの大学のどの講座を選ぶか

さて、講座を選択する目的と内容をはっきりさせたら、次のステップは受講する大学を決めることである。決定する際の条件を文科省の同調査の統計から引用してみた。

① 立地・交通利便性が良い　五七・九％
② 受け易い開講日・時間となっている　五七・二％
③ 先生が熱心・ていねいに教えてくれる　五三・七％
④ 大学の先生や専門家が教えてくれる　五三・七％
⑤ 受講内容の質が高く、充実している　五二・七％

この条件で考えると、お目当ての大学と講座名は決定できると思う。

平成二三年三月一一日の東日本大震災以降は、特に①の立地・交通利便性が重視されるようになってきている。多くの地域で帰宅難民が出て、帰宅できなくて大学で一夜明かした受講者も出た。今後は、さらに近場志向は重要になってくるであろう。

近年、どこの大学でも、お試し受講に熱心に取り組みはじめた。その理由は、講師と受講者のミスマッチをできるだけ少なくしたいからである。特に、語学系はレベル・グレードがあるので、試しに受講してみて、自分に合っていないとわかったら講座を変更させてもらうとよいであろう。同調査でも、この点は次のように数字を出している。

① 先生が熱心に教えてくれる　六八・八％

② 職員・スタッフの対応が良い　五六・八％
③ 講座の質が高く、充実している　四九・〇％
④ 受講料が安価である　四八・八％

これらの項目の多くは、実際に講座に出席してみないとわからないこともある。それで、最近、かなり多くの大学がクーリングオフ制度を取り入れている。

次は、具体的にアクションを起こしてみることになる。数多い講座のなかから第一希望・第二希望を決めておくと、定員いっぱいで募集停止の場合であっても、慌てることなく選択することができるであろう。はじめてのときは、電話・ネットだけの照会だけでなく、大学の窓口や教室を訪ねることを勧めたい。

3　継続の方向

公開講座の選択が済んで、実際に申込みも終わり、大学に通い出した。そうすると、これまで思っていた、大学のイメージや親しみも、大きく変わってくる。この点についても、文科省の同調査の結果を引用してみた。

① 大学への親近感が増した　七四・六％
② 大学でもっと勉強したくなった　二八・七％
③ 大学に対する理解が深まった　一九・〇％

④　大学関係者の知り合いができた　　一〇・二％

この数字を見ると、日ごろはあまり接触のない大学というところが身近な存在として、親しみが出てきている様子がわかる。私は長年、社会人・中高年にとって公開講座は、大学の入り口と説いてきた。次の同調査結果からもわかるように、近年、公開講座からいろいろな学びの方向に進む人が、増えてきている。

①　大学図書館が利用できて、独自に学習できればよい　　二九・七％
②　単位の取得につながらなくても、大学生と一緒に授業を受けたい　　二六・二％
③　正規の学生ではないが、学生と一緒に授業を受け、興味のあるものは単位取得したい　　二〇・〇％
④　正規の学生になって学位取得を目指して本格的に学びたい　　二・一％

大学の制度からみると、②は聴講生、③は科目等履修生、④は正規入学生と表現される。

私が生涯学習センター長を務めていたときの経験を披露すると、毎年、公開講座の受講者でもう少し深く学びたいという人が出てきたので、②③④の順序で、大学で学びつづけることをアドバイスした。自分が学習したい内容に最も適した教員は、誰にでもいろいろなデータを示して本人が選ぶことをすすめた。この先生でいきたいとなったら、授業料はやや高くなるが、③の科目等履修生に移ることをアドバイスした。③には、単位の累積加算というしくみがあるので、大学院の場合、一〇単位まで取得可能である。また、毎年、平均二名位の④の正規入学者を迎え、ほとんどの人が二年で修士課程を修了した。

大学との関係は学位取得だけが目的ではない。私は、公開講座の受講、春のＯＢ会や研究会への参加をすすめたい。私が立ち上げを支援した会には、一〇年以上活動している会もあり、現在でも一緒に研究会や懇親会などで交流を続けている。

第二章　地域の生涯学習の動向

一　相模原市「学びのらいぶ塾」の運営

平成二三年五月に相模原市協働事業拠点制度「学びのらいぶ塾」の研修講座が市総合学習センターで開催された。この事業は、平成二〇年九月に第一回の「養成講座」（全六回）が開催されて、学びサポート研究会が企画運営を委託されてスタートした。それ以来、サポート研の顧問として参画して打合せ会や講座にも出講してかかわってきて、ここまで来たかと感慨深かった。

新しく三期目となる参加者二〇名が出席して、このなかから何人の講師が出てきて市民に向けて魅力ある講座を開催してくれるのかが何よりも楽しみであった。サポート研が宍戸佳子さんを中心として、らいぶ塾の受託を取るために、相模原市によくぞ挑戦したと思う。この種の事業は前人未踏で手間ヒマかかるし、成果は未知数である。このリスクを含めてサポート研という住民団体と市との協働事業のこれまでの実績をつづってみることにしたい。

1　塾のねらいとしくみ

相模原市は長い期間にわたって、旧市で二三公民館を中核にして、多様な学習機会を提供できた。その内容は市がプログラムを作成し、運営もすべて行政職員が担当し、市民は申込をして受け身的に学級・講座を聞くという行政依存の体質であった。しかし、近年、中央教育審議会「新しい時代を切り拓く生涯学習の振興方策について、平成二〇年二月に取り上げられた「知の循環型社会」を受けて市は「市教育振興計画」を策定した。

「学んだ市民が、学習の成果を社会に還元するような循環型の人づくりを支援し、市民が互いに学びあうことのできる環境づくりをめざします」（相模原市教育振興計画　平成二二年三月から抜粋）

上記の「基本方針七　市民主体の生涯学習・社会教育活動を支援します」で、市総合学習センターは、「学んだ市民が学習の成果を社会に還元する人づくりを支援する」ために、「学びのらいぶ塾」事業を以下のような骨子を組立てて、市内で活動する民間団体にパートナーとして協働事業を提示した。

1　学習活動などを通じて身につけた知識や特技を、講座として企画し、自らが講師となったり、運営に携わったりして、他の市民に学習機会を提供することにより、地域人材の活用と知的資源の社会還元の促進を図り、以って循環型の学習活動の仕組みづくりをする。

2　市民講師の活動の場を創出する。

3　市民が主体となっておこなう市民講座を構築する。

4　市民講座を提供する人材を育成することによって、市民による多彩な学びのメニューを創出する。

5　生涯学習のネットワーク化により、市民が求める学びの機会を的確に提供する。
いくつかの団体がエントリーしたが、市内外で、生涯学習の支援活動を行っている「学びサポート研究会」が受託した、センターと「学びサポート研究会」の間で何回も打合せ、検討会がもたれて、目的の共有、事業の内容が決定した。

1　目的の共有

①　仕事や学習活動などを通じて身につけた知識や特技を、講座として企画し提供することにより、地域人材の活用と知的資源の社会還元の促進を図る。

②　市民講師の活動の場を創出する。

③　市民が主体となっておこなう市民講座を構築する。

④　市民講座を提供する人材を育成することによって、市民による多彩な学びのメニューを創出する。

⑤　生涯学習のネットワーク化により、市民が求める学びの機会を的確に提供する。

2　事業の内容

①　研修講座の開催…仕事や学習活動などを通じて身につけた知識や技術を活かし、講座の企画・運営や講師を希望する市民を対象に講座の運営方法などについて学習する機会を提供する。

②　市民講座の運営支援…研修講座の受講者が学んだ成果を活かし、自らが企画した講座を実践するための支援をおこなう。

③　市民講座運営組織の設立…研修講座の受講者達が主体となって自らが企画した講座を運営する

組織の設立を支援する。

市と民間団体（学びサポート研）は協働して、まず、役割分担を以下のように決めた。役割分担について詳述するときわめて複雑になるので、私なりに図解化してみた（表２-１）。

市の主たる役割は、予算、会場、ＰＲ、事務局であり、学びサポート研は、企画・講師、研修会の運営、塾修了生は、らいぶ塾の講師を務めるか、運営を手伝うの二種に分かれる。市民受講者は、運営予算の一部を受講料、材料代、資料代として負担する。

２　研修講座のあらまし

市と市民の協働による講座を運営するために、以下の意欲をもつ人を市広報誌などの媒体を使って募集した。

①　自分の知識や特技などを生かして、「講座」という形で他の市民にもこれを伝えたい。

②　市と協力して、「講座」を作ったり運営したりすることで、市民のために役立ちたい。

平成二三年度（第三回目）の研修講座プログラムは、表２-２の

表2-1　相模原市民講座「学びのらいぶ塾」役割分担

	市	学びサポート研	塾修了生	市民受講者
企画・講師		◎	◎	
広報・PR	◎	○	○	
教室運営		○	◎	○
会場・機器	◎			
予　算	◎			○
事務局	◎			

注）◎……主担当　○……副担当（支援）

とおりである。会場は総合学習センターで定員三〇名。講座企画と教室運営はサポート研が行うが、説明会はセンター側が行っている。研修講座のポイントは、講師力のアップと講座運営のサポートの二点である。講師は、全員がサポート研の会員であることが特筆される。外部講師を依頼しなくても、会員だけで講師をまかなうことができるということは、いかに会のレベルが高いかを物語っている。

講師力の向上については、講師としてプログラムが企画できてシラバスも作成できる実力が作業を通して取得できることをもさしている。

講座運営についても、受講生の募集、広報の方法、受付、教室内の運営、修了時のアンケート、統計などについてノウハウをしっかりと身につけてもらえるプ

表2-2　平成23年度市民講座学びのらいぶ塾「研修講座」

No.	日時	テーマ	講師
	5月18日(水) 10時〜正午	説明会	総合学習センター
第1回	5月25日(水) 10時〜正午	講座を円滑にするために 〜お互いを知るコミュニケーション〜	桜美林大学健康心理・福祉研究所 宍戸　佳子
第2回	6月1日(水) 10時〜正午	生涯学習の現状と方向性 〜学習の成果をいかすために〜	桜美林大学名誉教授 瀬沼　克彰
第3回	6月8日(水) 10時〜正午	講座の企画 〜プログラム作成と広報〜	ファイナンシャルプランナー 遠藤　　博
第4回	6月15日(水) 10時〜正午	講師が行う講座運営 〜講師の心がまえと話し方〜	生きがい情報士 高橋　　央
第5回	6月22日(水) 10時〜正午	講座の運営 〜運営と組織づくり〜	健康生きがいづくりアドバイザー 狩野　陽二
第6回	6月29日(水) 10時〜正午	講座計画書の作成 〜ワークショップ〜	学びサポート研究会代表 黒川　康弘
第7回	7月13日(水) 10時〜正午	講座のコーディネイト 〜事例紹介〜	図書館読み聞かせボランティア 黒田　純子
第8回	7月20日(水) 10時〜正午	受講者のプレゼンテーションと選考 〜まとめ〜	桜美林大学名誉教授 瀬沼　克彰
	7月27日(水)	講座実施にむけて 〜修了者の体験談〜	総合学習センター・修了者

ログラムに構成されている。かくして、七月下旬に講座は終わった。

平成二二年度をふり返ってみると、すべてのらいぶ塾は講習会に続いて講座が二月下旬にスタートし三月に修了した。反省会もかねて、以下の学習会がもたれた。

この学習会には一五名の修了生、サポート研の講師、センターのスタッフが全員顔を合わせ、昼に食事を一緒にして散会した。市のデモストレーション講座は以下のような要領で実施された。

①「学びのらいぶ塾会員」によるデモンストレーション講座

デモンストレーション講座は、「学びのらいぶ塾」会員が数多くの講座を開催した実績から得たノウハウおよび講座受講者のアンケート結果やその分析結果を加味した講座とし、平成二二年度生の今後の講座に役立てるとともに、市民講座「学びのらいぶ塾」をより完成度の高いものとする（一時間）

②「学びのらいぶ塾」会員と平成二二年度研修講座の受講者との意見交換会（三〇分）

③ 修了講演

研修講座の終了の締めくくりとして「市民と行政の協働による生涯学習」について瀬沼克彰（桜美林大学名誉教授）の講演（五〇分）

3　実施した講座の内容

自分たちの講座を開催するために市、サポート研、修了者の三者による話し合い、調整会議が何回ももたれた。修了者の一期生が平成二一年度に開催した講座は以下A～Eの五つである。

コース	講座名	開講日	定員	参加者
A	小学校の親子で楽しむ科学	二／二七、三／一三、二七	二〇	二五
B	決してリバウンドしない収納術	三／三、一〇、一七	二〇	一五
C	データベースで楽しむ万葉集	三／九、一六、二三	二〇	一四
D	知っ得、学っとく、介護のイロハ	三／九、一六、二三	二〇	一二
E	はじめてのピカソ	三／九、一六、二三	二〇	八

講師を務めた人は修了者一五人のうち五人ということになるが、講座を開催するにあたっての受付、司会、資料配布など教室運営は修了者が務めた。また、サポート研からは、毎回、最低二人のベテランが立会い、初めての開催で問題が発生した場合にいつでも対応できるように参加した。

平成二二年度は、修了者二一名が前期講座Ⅰ・Ⅱで、各々四講座、三講座と合計七講座を実施した。後期は六本である。これらの講座は市、学びサポート研から、望ましいプログラムを示すということはしないで、修了者が自分の専門分野と経験に基づいてプログラムを作成し、申込をしている。

したがって、この塾の内容が体系的になっていないとか、前期講座Ⅰについてみれば四講座のうち子どもの科学教室二、百人一首と書道で構成されている。Ⅱの三講座は、モネ体験講座、ホームファイリング、介護のイロハとバラバラな感じはする。後期について六講座は癒し、マジック二本、ハーブ、ヨガで構成される。

表2-3　平成22年度「学びのらいぶ塾」前期講座

内　　容	日にち	定員（実数）	費用（単価）
親子リサイクル工作教室～理科好きを育てよう～〈全３回〉 身近な材料で工作をします。 小林茂信	７月10日・24日，８月14日の土曜日	10組（26人）	300円（100）
小学生の親子で楽しむ科学 ～科学で遊ぼう　親子で学ぼう～ 身近な材料で手軽にできる実験をします。 芦尾京子	７月17日（土） ７月13日（土） ８月７日（土） ８月21日（土）	各12組（20人）	各400円（400）
実用書道とそのコツ ～苦手意識からの脱出～〈全２回〉 書道の要点をわかりやすく指導します。 荒川芳桐	７月６日・13日の火曜日	20人（20人）	1,200円（小筆希望者は別途840円）（600）
パソコンと講義で楽しむ「百人一首」の世界 ～「百人一首」の歌人たちとコトバ～〈全３回〉 講師が作成したソフトの利用と講義で，百人一首を楽しみます。 荒川　昭	７月６日～20日の毎週火曜日	10人（10人）	1,500円（500）

表2-4　平成22年度「学びのらいぶ塾」前期講座Ⅱ

内　　容	日にち	定員（実数）	費用（単価）
知っ得・なっとく・介護のイロハ〈全２回〉 高齢者・認知症の人と会話するときのポイントを学びます。	８月24日・31日の火曜日	各20人（13人）	1,000円（500）
いざという時に困らない　ホームファイリング 家庭での重要書類の整理方法・技術をアドバイスします。	８月17日（火）	各20人（17人）	500円（500）
はじめてのモネ体験教室〈全３回〉 モネの手法を学び，実際にモネと同じように描きます。	８月17日・24日・31日の火曜日	15人（９人）	600円（200）

表2-5　平成22年度「学びのらいぶ塾」後期講座

講　　座	日にち	定員（実数）	費用（単価）
癒しのときを過ごしませんか？〈全４回〉※	10月20日・27日，11月17日，12月１日の水曜日	５人×４回（５人）	2,000円（500）
ハーブ“植物の恵み”をもらって〈全３回〉	11月25日～12月９日の毎週木曜日	16人（10人）	1,500円（500）
楽しいマジック〈全３回〉	10月28日～11月11日の毎週木曜日	20人（12人）	800円（267）
おもしろ日本語塾〈全３回〉※	11月27日～12月11日の毎週土曜日	20人（11人）	500円（167）
ヨガで楽々リラックス〈全２回〉	12月８日・15日の水曜日	16人（16人）	500円（250）
親子マジック教室〈全３回〉		20人（17人）	１人1,000円（333）

※未就学児（２歳以上）の保育あり

講師の人数が少いことと、予算難のために、こうした枠組の中で当面は開講していかなければならない。

ここで、定員と受講者の関係について触れておかなければならない。平成二一年度提供された講座の五本のうち定員を超えたのは「親子で楽しむ科学」定員二〇名に対して参加者二五名である。これ以外は、残念ながら、定員に達することはなかった。なかでも「ピカソ」は、定員二〇名に対し参加者八名と少かった。

平成二二年度については前期Ⅰ（五本）は、すべての講座が定員をオーバーしている。

前期Ⅱは、三本のうち、三本とも定員が確保できなかった。後期（六本）については、すべて達することができなかった。なかでも「癒し」は定員二〇名に対して、申込五人は厳しい数字になった。しかし、これ以外の五本は定員を大幅に下まわるということではなかった。

受講者については、わが国のスクール事業、レッスン事業は、近年長い間にわたって供給過剰で申込者を探してくることが難しい状態が続いている。これらの事業に共通していることは、講師は職業としてやってきた人がほとんどである。

それに対して、らいぶ塾は「知の循環」にみられるように、学習を継続した市民がその学習成果を地域に提供して講師を務めたり、講座運営をサポートするというものである。こうした動きはきわめて新しい出来事で、現在、全国各地でスタートしている。本市においても、二カ年の実績があるわけでPR、趣旨の周知、市民の理解など徐々に浸透していくものである。それゆえ、定員の確保の問題はこれから、努力目標ということがいえるであろう。

次に費用のことについて確かめてみると、平成二二年度で、原則として受講料は無料、材料費・資料代は実費という考え方である。実費については、費用を回数で割ってみると、安いものは一回一〇〇円、高いものは五〇〇～六〇〇円という価格である。一定の料金というわけにはいかないのは当然のことである。

4　本塾の課題と方向性

本塾の課題とその解決のための方向性について考えてみたいと思う。その第一は、運営を担当している市、学ぶサポート研、講座、修了者の三者による協働のあり方である。従来、講座、学習プログラムの提供は行政主導で実施されてきた。

しかし、本塾は新しい考え方である行政と市民の協働によって講座を提供していくのである。これまでなかった方策であるから、三者とも経験もノウハウも蓄積されていない。すべてが試行錯誤の連続である。研究者として、平成二一年度のスタートからかかわりをもったので、メンバーの一人としてつとめて会議に出席させてもらい、求められたら意見を述べた。私なりに企画段階、実践段階で考えや理想はもっていたが、頭からそれを主張するのはアドバイザー役としてはよくないと常に自戒していた。市と学びサポート研の二者会議、修了者の入った三者会議がひんぱんにもたれ、講座の日程、回数、会場、教室運営について協議がもたれた。講座を修了したとはいえ、修了者の自己主張が旺盛で、互いに譲り合うとか引くということが難しいのはどこの市でも常としている。

市、サポート研の担当者は、仕事とはいえかなり苦労したようである。今後、これらの課題をどう解決していくかである。一期生よりも二期生との協議のほうが、はるかに円滑に運んだのは、担当者が仕事に慣れてノウハウを身につけたからである。

二つは、具体的項目の問題として、市民の講師募集の難しさがある。二一年度一五名、二二年度二二名の修了者というのは、対人口比で少ない。これはPRの問題でもある。潜在的に講師を希望している市民はこんな少ない人数ではない。市広報誌のPRのほかに、チラシ、インターネット、マスコミの利用に加えて口込みによってPR効果が出てくれれば、もう少し数は増加するだろう。講師応募者が増えないと、多様なジャンルをカバーすることはできないし、数多い人のなかから優れた講師も登場してくるのである。

もし、どうしても応募者も増えないのであれば、別の方法によって講師を調達しなければならない。たとえば、厚木市は、毎年講座受講者から講義を担当した人の延べ数は平成一九年前期三四人、後期三五人、二〇年六〇人、七〇人、二一年七三人、七〇人と増加している。しかし、これだけでは片寄りが出るとの考え方のもとに、二三年度から新しい制度として、講習会への参加なしに面接によって講師を採用する方式を採用した。

本市においても、市とサポート研との契約は二四年度で切れるから、こうした厚木方式も検討いく必要はあるだろう。次に三番目として、受講料の問題がある。受講料について市の方針は無料の原則であった。ただし、材料費、資料代は実費ということであった。

講師は、この方針に従って、材料費一回三〇〇円程度徴取する講座が多かった。私は何回かの打合せ会で持論である有料論を説いたが、市からの賛成は得られずに現在に至っている。

このまま進行すると、講師はいつまでたっても無料で教えなければならない。それで満足という人は、どこの市でも意外に思えるほど多い。交通費の実費も支給されないのである。教えることの楽しさと喜びは享受されるということであろう。本塾において、持論をこれ以上強く主張することはできないので、静観する以外に道はない。

四つ目は、市民の受講者の問題である。既に二年間の開講講座実績で言及したが、開講講座は平成二一年五人、二二年度一三人ということで、定員と応募者の関係は、大体において定員の確保が難しい状態である。二一年度については総定員一〇〇名に対して、参加者七四という数字である。二二年度は、全体で一三講座、総定員二四一名に対して、参加者総数一八一名である。

どこの市の講座も、現状は行政、民間団体、企業、大学など提供者が多く、提供される講座・学級の数は実に多い。それに対して、需要者たる市民は、受講料が無料のものが多いにもかかわらずなかなか参加しない。その理由は、働いているので時間が取れないというのが主たるものである。また、自分の好みの内容が見つからないという理由も多い。

本講座は、平成二一年度でみると、子どもの科学、実用もの（収納術、介護）、趣味（万葉集、ピカソ）の五講座で定員をオーバーできたのは子どもの科学だけであった。他の講座は、他の提供機関との競争で勝てなかったということであろう。二一年度についてみると、前期で定員オーバーは、親子工作教室、小学生の科学、書道、百人一首の四つ、後期では六講座、うちヨガが一つだけであった。

このように、定員を確保するのは難しい時代になっている。講座の目的は定員の確保だけでないことは当然のことである。ことに市行政の場合、定員は集まらないこともわかっていても、必要なことなので開催することはある。本塾の難しさは、この点で、行政と市民の協働事業だから、目的をどこに設定するかが問われる。

そこで、原点にもどると、学んだ成果を市民に提供するという「知の循環」の導入で考えると、一連のサイクル化をめざすために、二四年度まで続けて市民主導路線にもっていくことがめざされるなければいけないということになる。あと二年でこの路線のスタンバイが求められる。

二　キャンパスおだわら構想の出発

小田原市（加藤憲一市長）に足しげく通うようになって数年が経過した。これまでかかわりをもってきた「きらめき☆おだわら塾」については拙著『競創・協働の生涯学習』（日本地域社会研究所、二〇〇八年）で取材結果を収録した。また、「おだわらシルバー大学」については拙著『高齢者の生涯学習と地域活動』（学文社、二〇一〇年）で詳しくレポートした。

過去、当市の二大事業にかかわりをもたせてもらって、執筆することができた。現在も社会教育委員とキャンパスおだわら運営委員会（委員長：三輪建二・お茶の水女子大学教授）の委員として毎月のように当市に通って、私の主張である「行政主導から市民主導へ」をモットーに推進の手伝いをしている。当市が全国に先駆けて新生涯学習推進を市民団体主導にもっていくことは、嬉しいかぎりである。以下で新事業の構想、旧来の方式の再編成、今後について述べてみたい。

1　小田原市の行政改革と生涯学習の推進

小田原市の行革は新市長の目玉行政で新総合計画に位置づけられ市民力の活用が重視され生涯学習もその方向で歩み出した。本市総合計画（第五次）は平成二三年度からスタートして一二年間三四年度を終了としている。このうち前期は六年間である。計画の特徴は成長拡大から成熟均衡で三つの命題をかかげる。

①　新しい公共をつくる
②　豊かな地域資源を生かしきる
③　未来に向かって持続可能である

そして、将来の都市像を「市民の力で未来を拓く希望のまち」と定めている。

生涯学習は、「歴史・文化」のなかの一分野として登場してくる、20歴史資産の保存と活用、21文化・芸術の振興、22生涯学習の振興、23生涯スポーツの振興。主要施策は以下の三本である。

① 多様な学習の機会と情報の提供
② 郷土についての学びの推進
③ 学んだ成果を生かす環境づくり

「生涯学習の振興」についてめざす姿として「郷土に誇りを持つ心豊かで多彩な人材が、様々な場で活躍しています」が掲げられる。生涯学習の基本方針について次のように述べられているので、引用させてもらった（同書、九五ページ）。

「市民による主体的な生涯学習活動を基本に、市民の生涯を通じた学ぶ意欲を支え、多様な学習の機会を提供します。また、学んだ成果を適切に生かすことができる環境を整えます」

新総合計画の生涯学習施策の目玉として（仮称）おだわら生涯学習大学の開設が登場してきた。骨子案は次のとおりである（平成二三年三月現在）。

1　理念
・「いつでも、どこでも、だれでも、なんでも」学ぶことができる大学
・市民の市民による市民のための大学

2　目的
・誰でも気軽に学習できる機会の提供

・郷土について知り、学ぶ機会の提供
・目的意識を持った知識・技術等の習得
・まちづくりに意欲を持って取り組む人材の育成
・学んだ学習成果をまちづくりに生かす

3　運営体系

・大学運営委員会の設置運営
・大学運営の自立促進

本市はこれまでさまざまな学習講座、機会提供を行ってきた。行政内部、学習経験者、市民などで課題を検討した結果、次のような問題が出された（生涯学習政策課『おだわら生涯学習大学　検討資料』三ページ参照）。

(1)　講座の企画、運営
(2)　情報の提供
(3)　市民との連携
(4)　人材の活用
(5)　生涯学習センターけやきのあり方

これらについて、かなり厳しい意見が出たが、私も長く市の生涯学習施策にかかわってきてここに

表2-6　従来の制度で運営してきた学習講座の統合・再編

現事業名	内容・特徴	再編後の事業内容	備　考
きらめき☆おだわら塾講座	平成８年度～ ・講師「市民教授」とコーディネーター「塾運営委員会」，事務局「行政」との協働で実施	【市民企画講座】 ・健康・趣味，家庭，環境，国際化など	・企画・運営事務は民間（市民）が担う。
生涯学習センター講座（成人学校）	平成19年度（昭和24年度）～ ・16歳以上を対象 ・市民との協働で実施	【行政（協働）企画講座】 ・行政（協働）企画は，社会的課題や政策目標を実現させるための講座に特化	・各種学習講座は，市民企画，協働企画の充実に努めることを基本にする。
ボランティア育成講座	昭和55年～ ・生涯学習支援者の育成講座		
報徳塾講座	平成10年度～ ・18歳以上の２市８町の在住者を対象		
行政所管開催講座	平成17年度～ ・行政各課が行政目的等を達成するため市民に提供する講座	【行政企画講座】 ・企画・運営は各所管	・開催時期，内容等の重複回避や一括情報発信の調整を要する。
おだわらシルバー大学	平成６年度～ ・58歳以上の市内在住者を対象に，年間40回１年単位，クラス担任制で実施	【生涯学習大学】 ・平成23年度在校生の卒業で修了	・市民ニーズの高い継続を要する講座は，行政（協働）企画講座の中で検討する。

正鵠を得ている感じがする。今後の方向として市民の意欲を十分に尊重していかなければならない。

そこで旧来の講座体系・内容をどのように統合・再編していくかが表2-6のように示された。

この統合・再編をどうスケジュールにのせていくか。平成二二年においては二三年度中に計画の細部をつめて二四年四月からの開設が検討されていた。しかし、いろいろな理由によって二三年四月からのスタートとなり、事務局体制の機構改革と同時進行で大変なことになった。

教育委員会による大きな変更点は旧生涯学習部がなくなって生涯学習課は首長部局文化部（諸星正美部長）に移管された。この行政の移管と生涯学習とをセットで進めたいという行政の意図も一年間前倒しの開設ということに関係している。

2　旧来の講座の再編成

平成二三年、新事業の運営についてふれる前に二二年までの講座の概要について記録しておきたい。私がこれまで収集し取材してきたのは、数多い講座・学級のなかでもある一定の水準をもっているものを市民大学と規定して研究してきた。地域社会を住みやすく暮らしよいかたちにしていくには、何らかの条件が必要で、何でも講座学級と名前が付けば市民大学に該当するという考え方は取りたくないのである。

この考え方からすると、本市の講座概要すべてが当てはまらない。しかし、簡単に一定の水準以上のものを選び出すことは難しいので、とりあえず、量的に把握している行政資料（平成二一年度実施）を利用させてもらった。

合計すると講座数で九〇二件、参加者数約三万人という大変な数になる。おおまかに、私の重視してきた講座でいうと「おだわらシルバー大学講座」（一六一人）、「生涯学習センター講座ほか」（四〇三人）、「きらめき☆おだわら塾の連続講座」（七六六人）の三件が質的に市民大学というカテゴリーに入れることができる。したがって、数は合計すると一三三〇人になる。全体の約三万人に対してある一定の水準以上の講座は四％となる。

各講座について簡単に概要を把握しておきたい。おだわらシルバー大学は以下の四つの講座が開設されている（表2-7）。

生涯学習センター講座はパソコン（七会場）、病気予防、小田原ウォッチ、子育て生涯学習サポーター養成講座など一二講座で合計すると四〇三名である。きらめき☆おだわら塾の連続講座は前期二八講座、後期二七講座である。前期で主なものを列記するとストレッチ・山歩き・散策三、フラワーアレンジメント三、手工芸七、俳句一、パソコン二、書道二などがある。後期二七講座では健康づくり二、手工芸二、油絵三、書道一、音楽七、語学二、舞踊三などが見られる。内容はほとんど技芸、趣味で個人のための楽しみ教室となっている。キャンパスシティおだわら対象講座というのは、いわ

表2-7　おだわらシルバー大学のコース（平成21年度）

（単位：人）

コース名	履修期間	1学年	2学年	3学年	合　計
歴史観光コース	3年間	32	27	30	89
ふるさと文化コース	2年間	16	17	－	33
ふれあいスクールサポートコース	2年間	10	－	－	10
わくわく地域デビューコース	1年間	29	－	－	29
合　計		87	44	30	161

ゆる行政の各課等が提供する講座で、講座数は六二〇件、参加者数二万人に達している。主な所管課としては生涯学習センター一二、郷土文化館九、尊徳記念館五など、生涯学習政策課二八、図書館八などがある。教育委員会は比較的回数が多いが、首長部局は単発ものが少なくない。

以上のように、庁内各課が中心の行政企画講座、市民と行政が協働しているセンター講座、きらめき☆おだわら塾などを見てきたが、これを一つに統合するような計画が推進されるようになった。以下で、運営体制、組織、スケジュールなどについてみていくことにしたい。

まず、運営体制、組織であるが、大学本部は行政主導でなく事務局はNPO法人に徐々に委託する。組織は市民主体にできるだけ早くもっていく。こうした組織づくりは細部が重要である。以下ではそれらの項目について検討結果を引用させてもらった（おだわらシルバー大学運営委員会資料）。

運営体系・組織

・キャンパスシティおだわらを基に、講座を再編成していく
・講座、学習相談、情報提供の三部門を設置する
・講座部門だけは事務局を別枠で置き、講座の事務局として全体を統合し、総合事務局とする
・立ち上げ当初は、各部署とも行政と市民との合同チームで、企画・運営する
・事務局の統合と市民ボランティアの活用の結果、担当職員は減となる
・完全に民間委託された場合は、主に受講料、事務関係費、教授登録料、委託費、市の支援で賄う
・現状の行政主導から公設民営、または自立経営方式とし、大幅な経費節減を図る

・民営化後も、会場、事務室、ツール関係などは行政が支援する

講座体系の再編成
・講座の講師料は、有料と無料の両方を設ける
・学習講座の提供にあたっては市場原理、受益者負担の原則を取り入れる
・受講者の希望に沿った講座をどのようにして立ち上げるかが重要である
・市民が、受講したい講座を自由に受講できるような仕組みをつくる
・年代を問わない生涯学習講座を開設する
・市内に限らないが、市外も対象とした場合は、効果的な情報提供・募集を考える。

3　キャンパスシティおだわらの明日

旧来の講座の概要は以上のとおりである。簡単に整理すると行政講座は庁内各課が担当し、行政と市民団体との協働はセンター講座、きらめき☆おだわら塾である。きらめき☆おだわら塾は、会場、受付など、教室運営を行政が担当し、企画、講師などは市民団体が担当した。平成二三年四月からこの体制をやめて（仮称）おだわら生涯学習大学（平成二三年五月）「キャンパスシティおだわら」の名称決定がすべての講座を統合してスタートすることになった。準備として一月九日に開設フォーラム「市民主体の生涯学習とは」が開催された。第一部は私が基調講演を依頼され、新事業の構想が事務局から報告された。第二部はグループ討議で、以下のテーマを参加者に示してグループ編成を行い

討議してもらった（五テーマ、六グループ、参加者七一名）。

①　あなたが思う〝市民大学の大学〟とはどのようなものですか。

②　新しい学習講座イメージについてどう思いますか

③　受講料の有料化についてどう思いますか。

④　ボランティア講師「きらめき☆市民教授」がよりよく活動するにはどうすべきでしょうか

⑤　シルバー大学のよい点をどのように活かすべきでしょうか

私はコーディネーターとして参加者を五グループに分けて、模造紙、サインペン、ラベルを準備してＫＪ法を使って五つのテーマについての回答をしてもらった。平成二三年七月には、開設イベントを開催したが、これは一日のフォーラム参加者が中心になって企画運営を行った。内容は、市民による事業概要紹介ガイダンス、記念講演（地元ゆかりのパティシエ）「食を通じた地域とのかかわりと生きる力の育成」などである。参加者約三五〇名と広い年代層を集め、キャンパスおだわらのＰＲという目的は達成した。

旧来の講座数は市民団体と行政との協働といっても事務局は生涯学習センターの一室に高橋幸男生涯学習センター担当課長のもとに職員六名、指導員三名という行政職員が中心になって推進していた。ところが四月以降、課長は本庁の新設の文化部に生涯学習課長として着任し職員も四人に減少された。そのほかとして、事務室をパテで仕切って半分以上がＮＰＯ法人小田原市生涯学習推進員の会ときらめき☆おだわら塾を運営する会のスタッフが常勤するようになった。学習相談、生涯学習センターの受付、案内などは推進員の会が担う体制に移行された。二つの市民団体は新事業開設に当たって運営に関する提言を市に出している。これはとても参考になる意見が盛り込まれているのでエキスの部分を引用させてもらった。

ＮＰＯ法人小田原市生涯学習推進員の会、奥村昌宏理事長（平成二二年八月）

① 企画、運営、情報発信を一本化することで市民に分かりやすく効率よくする
② 二―三年先には民間で運営できるような体制で検討する
③ 検討委員会は行政と現在、活動している団体と民間で大学等を運営している企業の三者を入れいままで弱かった運営、情報発信などをカバーしていく
④ 生涯学習のターゲットをいくつかに分け、ターゲット別に窓口を作り案を練っていく
⑤ 市民から見て分かりやすい組織にすること
⑥ 生涯学習の情報は広報室広聴だけでなく、この組織から発信していく
⑦ キャンパスシティおだわら制度などもこの組織のなかで運営していく
⑧ いま我々がやっている冊子、情報の提供もこのなかで運営

きらめき☆おだわら塾運営委員会（当時）の提言　遠藤豊子委員長（平成二一年一一月）

・運営資金では全講座無料でいくわけにはいかないので、一部講座の有料化も考慮する
・事務関係は最終的には専従の有給者を雇う
・講座関係はおだわら塾の良き特徴でもある自主講座は継続し、キャンパスシティおだわらの必

須講座と自由講座を見直し全自由講座を新組織が扱う

・組織の立ち上げは小田原市の生涯学習全般を考慮しながら決断しなければいけない
・新組織は他の関連団体との一本化が望ましい
・市民教授は活動が制約される市の人材バンクから離れて新おだわら塾（仮称）に登録する
・市からの支援は当面、会場、資金、事務所、事務機器を要望する

二つの提言書は自分たちがこれまでかかわってきた講座運営の理想的なあり方を物語っている。そういう意味では、空論ではなく地に足を付けた経験論である。本来的には十分な準備を行って平成二四年度の開設という手もあったが、新総合計画が前述のように、平成二三年度がスタートということで「新しい公共」の創設の目玉として、二三年度の開設、運営体制の市民主導への移行であった。行政職員二つの運営団体、そのほか、関係者にできるかぎり、インタビューして取材してみた。

新しい取り組みへの移行に伴う戸惑い、コミュニケーション不足、意識の違いは当然のことで三つの組織が全体としてなんの問題もない出発などあり得ない。最も大事なことは、この一年間の成果を出すことである。キャンパスおだわらを構成する各講座の参加者数など量的側面、参加者や講師、運営スタッフのよい評価、十分な満足度など、質的側面の両面からの成果を出していかなければならない。二者とも本市においては一〇年、一五年という長い経験をもった人が担っている。これは実に信頼できることである。この仕事に新組織になって初めて参加する人は少ない。長い歴史をもっている自分たちの組織を成長させたい。自分もそれを支えるなかで自己実現したいという個性的で向上心の

強い人が多い。二宮尊徳を生んだ当地の人は、本市のキャンパス化のためにがんばってくれるものと期待している。これからどう動いていくのか楽しみである。

三　羽村市の生涯学習推進計画の策定

東京都下・羽村市（人口五・七万人）は三多摩地域の西部に位置し、東西四・二キロ、南北三・三キロと総面積九・九平方キロは二六市中で二四位である。審議会の委員を受けたので、平成二二年六月に、市域の輪郭をつかむために、市内の主要施設を訪ねながら市の全体を体感することに努めた。今回の生涯学習基本計画は、第四次計画ということで、並木心市長と会ったときに、ライフステージ別の内容と市民の意見を重視して進めてもらいたいと意見をうかがった。平成二二年七月から第一回が開催され、毎月一回のピッチで進行した。以下では、長期総合計画のなかに生涯学習は、どう位置づけられているか、今回の第四次計画の目標、施策内容、施策についての私見などをまとめてみることにしたい。

1　総合計画のなかでの生涯学習の位置づけ

市の長期総合計画は、『羽ばたきプラン21』という名称で二〇〇七～二〇一一年で、現在動いている。これは、施策の大綱として、四つの基本目標を設定している。

1　支えあいいきいき暮らせるまち（福祉、健康）

2　学びあい豊かな心を育むまち（生涯学習）
3　環境にやさしい安心して暮らせるまち（環境、安全）
4　美しく快適な住みよいまち（都市整備）
5　活力に満ちたにぎわいのあるまち（産業振興、消費生活）

長期総合計画の大綱に生涯学習を入れていることは、特記されることである。2生涯学習は、①心豊かに成長する生涯学習（幼児教育の充実、学校教育の充実、青少年の健全育成）、②だれでもが学べる生涯学習社会の創造（環境、整備、活動の支援）、③市民文化を育てる生涯学習（羽村文化の創造、スポーツ、レクリエーションの振興、歴史、文化の保護、継承）の三項目の振興が述べられている。

羽村市の特徴について、この計画から引用すると、次のようなことが三多摩各市との比較で明示される。

外国人比率（二位　三・二％）
製造業従事者数（六位　一〇二一〇人）
公園数（一三位　六八四ケ所）
一月のごみ量（四位　九六〇g）
総資源化率（七位　三一・八％）
財政力指数（九位　一一〇九）

本市の特徴というのが、この数字をみているとわかってくる。さらに、魅力について、堰（四二・〇％）、花と水のまつり（二五・〇％）、動物園（一八・九％）、玉川上水（一八・三％）、チューリップ畑（九・四%）、多摩川（一〇・〇%）など（同書二八頁）が「市政世調査」で出ている。やはり、自然が豊かということが本市の特徴といえるだろう。

　基本目標五本柱の一つとして、生涯学習が位置づけられていて重点施策のなかで主要事業として、以下の項目が出されているので、引用してみることにした（同書三六―三七頁）。

①　幼児教育

◆家庭・地域における教育力の向上【家庭教育セミナーの開催】

②　学校教育

◆「人間力の向上を図る」特色ある教育活動の推進【小・中学校音楽活動の推進】

◆特別支援教育の推進【特別支援教育総合アドバイザーの設置】

◆教育相談体制の充実【教育相談員による巡回相談の実施】

◆小・中一貫教育構想の検討【小・中一貫教育構想の検討】

③　青少年

◆次代を担う青少年の社会参加の促進【子ども体験セミナー等の実施】

④　生涯学習

◆地域の文化活動の支援【市民と協働した芸術鑑賞事業の実施、音楽のあるまちづくりの推進】

◆新しい情報に出合う図書館の充実【子育て支援図書コーナーの充実】

◆施設の有効活用と新しい羽村文化を創造する生涯学習関係施設の整備【文化芸術関連施設の建

設】

⑤　スポーツ

◆「生涯スポーツ社会」の実現【第六八回国民体育大会東京大会の開催に向けた取り組み】

⑥　歴史・文化財

◆郷土博物館の機能充実【特別展・企画展の充実】

この計画を進めるために重視されている手法が「市民協働」と「行財政運営」の二つである。前者については、NPO団体の申請数が三多摩で人口比最下位ということなので、進行は、円滑にいっていないのではないかと思われる。生涯学習関連施設の管理運営についても、住民団体への委託はゆとりろ市民の会のほかは少ないようである。

一方、後者の行財政運営については、前述のように、財政力指数三多摩で九位（二〇〇九）ということは、立派な実績を上げている。主要事業の推進については、効率的運営を行って、余分な経費がかさむことは、極力押さえてきたことが推測される。

2　第四次生涯学習推進計画の目標

「第三次生涯学習推進基本計画」は、平成二〇～二三年度で終了するので、新計画（平成二四～三三年）を策定する必要があり、市は、新しく制定された「教育基本法」第三条、生涯学習の理念を活かし、「生涯学習審議会」（雨倉壽男会長）で、重視された「知の循環型社会の構築」などもふまえて、策定の基本方針として、以下の文を掲げた。

「このため、市民一人ひとりが生涯にわたり学び続けることができる学習機会の充実を図るとともに、学習した成果を地域社会や教育活動に生かせる場を広げ、社会全体で支えていく仕組みづくりが必要となることから、これまでの社会教育を中心とした内容から、生涯にわたって学び続けるための基礎づくりとなる学校教育に重点を置きつつ、教育分野の枠を超えた市の生涯学習関連施策や関係機関等が行う事業も含め、市民生活に関わる施策事業の全般を生涯学習の視点から体系化する必要が生じています。」

さらに、計画の基本的な考え方として、以下の四項目が重視された。

① 教育分野の枠を超えた市の生涯学習関連施策、関係機関の取り組みをライフステージでとらえ、ライフサイクルとしての継続性を視野に入れた施策の体系化を図る。

② わかりやすい計画とするため、施策の目標には成果目標を定め、目標達成に向けた課題解決策となる重点施策を示す。

③ 教育分野に関する部分は、教育振興基本計画としても位置づける。

④ 第五次長期総合計画との整合を図る。

策定体制は、生涯学習審議会を中心にして、市民参画が重視された。審議会は、平成二二年七月からスタートし、一年間の期間で設定された。メンバーは、知識経験者（三人以内）、市社会教育委員（一人）、社会教育関係団体（七人）、小中学校校長（二人）、市民公募（五人）、合計二〇名以内である。

庁内体制として、策定委員会（角野征大教育長が委員長）、会部長一五名が委員として参画し、検討部会（遠藤和俊教育部長が部会長）に五つの専門部会（就学前、学校教育、成人学習、中高年、子ども）を課長級で設置した。検討部会でたたき台を作成し、策定委員会に報告する。策定委員会は、たたき台を検討し計画素案として審議会に提出する。

審議会は、第一回を平成二三年七月にスタートさせ、毎月一回のスケジュールで開催した。本計画は、こうした流れで計画策定を行っていったが、「市民参画」を重視して、次のような手法を取り入れた。

・生涯学習市民アンケート調査…一八歳以上の市民一〇〇〇人に無作為に抽出して実施　回収率二八％
・地域懇談会…長期総合計画策定のために実施する地域懇談会において生涯学習に関連する意見を取って参考にする
・社会教育に関する各種提言…「社会教育施設の活性化」（社会教育委員会議提言）「今後の図書館サービスのあり方について」（図書館運営協議会答申）
・意見公募手続き…計画や条例の最終案について意見手続きを行う
・市民によるワークショップ…公募市民（四〇名、一班八名程度の班に分かれてライフステージごとの学習課題及び課題解決のため学習機会で討議し、意見を集約）　全六回（月一回程度）

これらのワークショップは、『市民ワークショップ報告書』（平成二三年一月）にまとめられた。メンバーは三つのグループに分かれて、「自分にとって学びとは」「学習の成果をどう活かすか」「ライフステージ別学習課題」の三テーマについて検討した。

3　推進される施策内容

本市は、生涯学習事業について、どのような実績があるかを、「審議会資料」をもとにしてリスト化してみた。

少年期

学習サポーターの配置（小学校）四時間／日　一校週五回

特色ある学校づくり交付金　総額　九二七万円

地域教育シンポジウムの実施　一八〇人

社会参加実践活動の実施　延べ人数　一三一八人

青年期

青年学級の実施　毎月実施　二二四名

団体・サークルガイド　収録団体　三〇九

まちづくり出前講座　年一六件　三一四人

壮年期

市民大学講座（ゆとりろ）　一講座四回　参加数　四四人

講演、講座（郷土資料館）　年六回　参加者数　一六七人

常設展示（八七六人）　企画展（四四四〇人）（郷土資料館）

学校施設の利用　学校開放件数　六六三九件

男女共同参画フォーラム　参加者数　一五五人
文化祭（一五五三五人）　体育祭（四五二八人）

高齢期
高齢者お好み講座、いきいき講座　九九二五人
高齢者のつどい（三一二〇人）　高齢者リクリエーションのつどい（四八六人）
市民農園　六農園　二一三区画
老人クラブの活動支援　会員数　三三四三人

これまでに生涯学習として実施してきた主な実績をリスト化してみたが、推進計画は、上述のトピックス的なものではなく、なんといっても体系化を重視しなければならない。計画は、ライフステージ別に推進される。

乳幼児期から高齢期に至るすべてのライフステージで施策数は、合計で一五六に及ぶ。数的に多いのは、少年期（三七）、高齢期（三四）、壮年期（三一）で、比較的少ないのは、乳幼児期（一三）、青年前期（一七）、青年後期（二四）などである。

本市の施策展開は、すべてライフステージ別になされるので、実際の施策は、横軸にライフステージを取って、縦軸に学習課題を位置づけている。

・家庭生活（健康づくり）
・勤労活動（キャリア、就労支援）

・貢献活動（社会参加、社会貢献）
・社会教育活動（芸術・文化、読書、スポーツ・レクリエーション、郷土学習）
・現代的課題（環境学習、人権、消費生活、防災・防犯・交通安全、国際理解、多文化共生）

こうした横軸と縦軸のマトリックスのなかに、上述の一五六の個別の施策が推進される。推進される施策は、さらに、具体的事業に分けられる。たとえば、壮年期でみると、「学習活動の推進」という施策は、市民大学、既存大学との連携、「環境学習の充実」は、環境教室、環境講演会、ホタル観察会、エコチャレンジなどの事業に分けられる。事業数は、四〇〇〜五〇〇の数に達する。

4　推進施策に軽重をつける

審議会は、月に一回のペースで開催されて、平成二三年四月以降、各ライフステージ別に事業の検討に入った。これまでに一度は検討されて、二度目の検討ということもあって内容面の吟味よりも、言葉遣いとか表現の仕方についての質疑応答、意見などが述べられることが増えた。

こうした進行で気をつけなければならないのは、本質的な議論が深められないで会議が終わってしまうことである。そこで、次のような意見をいって問題提起をした。

①　今回の計画が現状肯定の延長ですべて議論されて、時代の新しい風や変化にほとんどふれていないので、新事業の計画が出ないで推移している。そのことは、審議会も最終段階に入ってどう考えたらいいだろうか。たとえば、中教審答申にみられる「新しい公共」「行政と住民の協働」「知の循環」

「学び直し支援、コーディネーターの養成」などに対して、どう対応するのか。

本市としてこれらのことをふまえて、新事業の目玉を数本出していくことが求められる。八王子市では、私が座長として、最終章に緊急に取り組む事業として、前述の四本を出して、アピールした。この方法を取り入れると、これまでの計画は修正をしないで追加というかたちで進めることができる。

② これまでにも何回か会議で発言したが、どこの市でも、わが市らしさをいかに出すかに苦労して計画書を作成している。これも、現状の検討では、ほとんど出てこないので、そろそろ検討しないといけないと思うが、この点はどうするのか。

もう一つ大事になるのは、市の特徴をどのように出していくかということである。羽村らしさについては、以下の項目を考えてみた。外部の目と住民として内部の目は当然違ってくるだろう。一つの提案をまとめてみた。

1　自然の豊かさ
　多摩川の清流、東京の水道水の取水、豊かな自然の保存と人間の営みの調和

2　地域文化の創造
　先人の郷土をつくってきた文化を継承、発展させる

3　学習に関する施設整備水準の高さ
　生涯学習センター、体育館、図書館、郷土資料館、動物園など人口五・六万人の市として全国に誇れる運営を住民と協働化する

4　子育てしやすい教育環境

交通至便、地域の人間関係が豊か、コミュニティづくり
5　小中学校を地域の学習拠点にしていく
新しい学習拠点はこれからつくれない。施設水準の高い学校を活用

どこの市でも、「生涯学習計画」は、体系的、総花的に立案しなければならないので、施策や事業の数が多くなり、複雑化してしまう。そこで、提案として手技的に羅列するのではなく、軽重をつけることによって、目玉的な施策、重点施策を選び出すことを常も行っている。平成一五年三月に出した八王子市の場合は、以下の五本柱を重点施策にした。

1　市民主導の醸成と市民参画
2　公・民・学のネットワーク化
3　市民大学の創設
4　既存施設の有効活用
5　情報システムの整備

本市の場合、重点施策として、次のような項目はどうかと提案した。

1　ライフステージ別施策推進…他世代との連携、連動は十分に配慮
2　市民参画の重視…行政と市民の協働、新しい公共への対応、NPOの支援、育成
3　人材の育成…支援者、リーダーの育成講座、市民教授の登録
4　市を代表する市民大学の開設…市民、団体、行政などの講座の集約
5　羽村学の構築…市民大学の目玉講座、市内各施設で開講、研究成果の発表

重点項目として考えられる事柄は人によって違ってくるだろうから、いろいろな事柄が出てくることが望まれる。大事なことは、少数意見も十分に尊重して議論して最終的に最善のものに集れんさせていくことであろう。

四　地域の生涯学習実践に参加して

大学を定年退職して、授業やゼミの仕事がなくなったので、私のライフワークである地域の生涯学習や社会参加活動に出講するだけでなく、行政職員や住民に接触し、討議し、改善や新しい活動プランの策定などを行う機会が増えてきた。

こうした参画は、私にとって、何ものにも代えがたい知識の収集であるとともに、行政や住民団体、住民の一人ひとりとじっくりコミュニケーションができて経験を交流することができる。いろいろの御縁で訪問したり、遠方から私にインタビューやアドバイスを求めに来てもらえることは、実に楽しいことである。

以下では、そんなふうに出講したり、講座づくりを手伝ったり、グループの活性化に取り組んでいる話をコンパクトにつづってみた。

1　第五期「生涯学習コーディネーター養成講座」に出講して

あきる野市の平成二一年度生涯学習コーディネーター養成講座は、九月一六日の第一回からスタートし、第八回が一〇月二四日に修了した。例年講師とアドバイザーを務めさせてもらった。

この講座が市生涯学習推進課主催でスタートしたが、講座の性格からいって住民のサポートは不可欠で、二年目からは修了者の組織であるコーディネーター会が受付、資料配付、机の移動などを手伝うということになった。二年目になると講師を務める会員が出てきて、三年目で司会、講座の進行、管理、質疑、全体のまとめという、講座運営のすべてが十分にできるようになった。

そして、四年目の本年は、講座全体の業務委託を受け、企画、講師交渉、各回のすべての運営、評価を行うにいたった。これは、大変な進歩で、ここまでのレベルに達している先進事例はわが国にも鹿沼市、府中市、足立区などいくつも存在しない。関係者は、おおいに誇りにすべきことである。

出講を通して思ったこととか、会から生涯学習推進課に提出した報告書を読ませてもらって、会のメンバーの熱心さと質の高さに改めて感心した。たとえば、「実施報告書Ⅰ」（全三九頁）は、講座の経過、実施内容、実施に当たっての留意点、反省点（準備点、運営など）、まとめなどが記録されている。特に各回の「講座記録」はＡ４版二頁にわたって記入されていて、綿密さと正確さに驚かされる。行政職員でも仕事に追われていることが関係するが、ここまで書けない場合が多い。

講座の運営、進行について述べてきたが、コーディネーターの役割は、講義のなかでも強調したように、従来の行政主導の推進がどこの市でも財政的にできなくなってきて、住民の力を借りて行政と住民の協働で推進する時代になってきている。この路線の要に位置するのが、行政と住民の間をとりもって協働のパイプ役、調整役になって活動を活性化させることが期待される。

本講座をこれだけみごとに企画、運営できる会であるから、協働路線を外に向かって、拡大してもらいたいと希望する。本年度も新しい修了者が会に加わって、人数が増えていくので、新人への期待が大きい。毎年講義では強調しているのが、一つは住民主導の「市民大学」（仮称）への発展である。私が関係している事例として、古くは鹿沼市民大学、五〇講座、小田原きらめき塾六〇講座、新しいものでは立川市民交流大学四〇講座、輝き厚木塾四〇講座、米沢市おしよしなカレッジ二〇講座などがある。本市の実力からいって、一〇か二〇の講座を開催することはいとも容易である。いずれの市も経費は受講者の受講料で運営しているので、市からの予算は出ていない。市の役割は受講者募集の広報、会場の確保の二つである。全国的に、市が主催する学習講座やイベントの提供に代わって行政と住民の協働による事業の時代に移っていくので、この養成講座の意義はますます重要になると思われる。

2　講座が終わってみての感想

「生涯学習コーディネーター養成講座」は、町田市の『教育プラン』（二〇〇九年策定）の重点施策一〇本柱の一つに位置づけられ、本年度特別講座として開催された。この養成講座は、旧来の行政主導の生涯学習から、行政と住民の協働による生涯学習へという文科省の方針に沿うように、大きな時代の変化に呼応した講座という色彩が強い。

私は、かつて、本市の社会教育委員を務めたり、いくつかの調査のまとめ役をしたり、本市の生涯学習にかかわってきた。機会をみて、本市もこの種の講座の必要性を提案させてもらった。周辺の八王子市、立川市、日野市、相模原市、厚木市などが、すでに数年前からスタートさせているので、遅れをとることは好ましくないと思っていた。

本年度になって、『教育プラン』の実行に踏み切ったとき、本講座のスタートが本市にとって、住民主導の生涯学習の皮切りになると希望した。事務局と何回か打合せをするなかで、周辺市の先行事例も参考にして、本市の独自性をどう出していくか協議した。

その協議を通して、当面五回のプログラムを作成し、開講となった。市民大学ＨＡＴＳの講座は、従来から受講型で申込が数多くあるが、本講座は住民が主導して学習を支援する知識と技術の取得がねらいなので、少人数によるグループワークが特徴となる。そのため定員は三〇名にしぼり、募集を開始した。

本講座に出講して思ったのは、アンケートにも詳しく出ているが、「地域活動をしている人が八四％」という活動率の高さである。同じ項目で聞いた周辺市の回答は四〇～五〇％である。募集も市広報の配布日当日で定員を超えた。この熱心さは、本市の特徴であろう。

本市初の講座として、受講時の感想、アンケートの結果など十分に吟味して、改善すべき点は改善し、次年度につなげていきたいと思う。講座は毎回講師が変わるオムニバス方式なので、各講師間のつなぎが大事なポイントであったが、重複とか舌足らずという指摘はなく、時間不足も強くは出てこなくてよかったと思う。最後にテキストの作成、五回の運営、本報告書の作成をみごとに行ってもらった事務局に感謝したい（町田市民大学ＨＡＴＳ「生涯学習コーディネーター養成講座」報告書、二〇〇九年四月）。

3　グループワークの成果

平成二二年度の八王子市高齢者活動コーディネーター基礎講座は、九〜一二月まで全八回。実践講座は、二三年一〜三月まで全六回開講された。

本年度の講座の特徴は、講師に修了者や関係者が、半数を占めるほどに増えたこと。内容面で理論的・理念的な面から具体的・実践的になったことがあげられる。なかでも、講座修了者が講師を務めたり、グループワークのファシリテーターを演じたことは高く評価してよいことである。

特に、本年は、二つの講座ともアンケート結果を重視してグループワークが重視された。基礎講座では、参加者九八名と多かったが、グループを編成して、講義の後に話し合いの時間を取り、話し合いの結果を代表者に発表してもらった。実践講座は、四二名という参加者を六グループに編成し、コーディネーターは、地域で何を実践するかを検討することにした。

グループワークの一回目で「何をするか」を話し合い、アイデアを出して、二回目でＫＪ法に基づいてアイデアを一本化する作業を行い、三回目の最終日に代表者に発表してもらった。グループ間で、少しでもよい内容にしたいという競争心も働いて興味深い提案がいくつも出てきた。三回のグループワークで各グループをまわって話を聞き、質問に答えアドバイスをして歩いた。

多くの参加者が、熱い議論をして、話し合いに熱中し楽しんでいた。なかでも、センター元気のファシリテーターがグループワークの司会進行、まとめなどで適切なアドバイスをしていた。まことに信頼される先輩たちであった。模造紙に書いてもらった提案はコーディネーションのあり方、啓発講座、ボランティアの能力開発が各々二つずつ出された。各グループの発表内容の講評を求められたので、発表内容を検討して、具体性、実現可能性、波及効果の三つの視点から採点結果を出した。Aランクが二つ、Bランク二つ、Cランク二つという評価をした。

受講者は、専門家の講義、先輩者の体験談、実際談も大いに勉強になったと思う。しかし、それ以上にグループワークが楽しくやりがいがあったと推測する。アイデアを出すために、これまでの体験と意見を出し切り、仲間を説得し、ラベルに書き込み、分類のための塊をつくり、共通項を記入するという作業は、久しぶりの集合学習を味わい楽しそうに見えた。学習は、行動するための指針やノウハウを身につけるために行ったのだから、修了後の活動に一人でも多くの人がスタートすることを念願したい（「シニア元気塾文集」二一年版、八王子市高齢者支援課、六月刊）。

4　新しい活動者を育てよう

学びサポート研究会は、平成二三年三月に相模原市からＮＰＯ法人を取得して、新たな一歩を踏み出した。関係者の尽力に感謝したい。新たな一歩に何が大事なことになるかを考えてみたい。それは、この数年、私が主張しつづけてきたことだが、生涯学習は、行政主導から住民主導へ移行していくことに、より積極的に関与してほしいということである。

この動きは、平成七年の阪神淡路大震災後、復興に当たって国や大企業の力よりも住民のボランティアの力のほうがはるかに効果があったことによって証明された。行政は、財政悪化によって、待ったなし行政といわれる高齢者福祉、医療、環境、雇用などにかかりきりで、生涯学習に予算と職員をまわす余裕はなくなっている。

この傾向に、このたびの東日本大震災が加速を迫ることは間違いない。生涯学習を支える住民が育っている地域は、活動がスローダウンしたり低下することはない。行政に依存して受身的な学習活動を行っている地域は、行政が撤退することによって、大きな打撃を受けて活動ができなくなる。

先に活動を始めた住民が、あとからつづく住民に自分たちのノウハウを伝授し、サポートする。これが可能な地域は、生き残ることができる。本会は、これまで活動を通して、メンバーは力をつけ、活動のノウハウを向上させてきた。これからは、身につけたノウハウで後進の人たちをサポートする番である。

新しい方法論として提案したいのは、よりプロ集団に脱皮していくことである。平成二二年度私は厚生労働省からの助成を受けた健康生きがい開発財団の「高齢者の生きがい就労に関する調査研究」に従事した。ここでのポイントは、収入を得るための仕事（就労）と自己実現や社会貢献をする活動の中間領域に生きがい就労という働き方を設定することであった。

退職後の仕事としては、ハローワークに行くかシルバー人材センターからの派遣を待つかこの種の仕事で生きがいを得ることは難しい。生きがい活動で収入を得ることも不可能である。そこで、両者の生きがいにもなるし、収入も得られるというメリットを合流させて、「生きがい就労」のモデル事例を探した。

全国ネットで検索して、八五件、内閣府や文科省の活動資料六八件を収容し、開業年、活動内容、参考形態、参加人数、年間収入などを集計、分析してみた。全国的に高齢者を中核とする団体サークルは、近年ものすごい数になるが、事業収入を得て、会員が月当たり数万円の収入を取っている集団は、現状ではまことに限られている。このたびの大震災は、復興に想像を絶する時間と予算が必要で、そのしわ寄せは高齢者にやってくるに違いない。

高齢者および予備者は自衛のために年金を頼りにしないで、確実な収入源を確保する必要がある。本会に新しい活動者を迎え入れるために、受託事業に加えて、収入確保のためのレッスン、サロン、コンサルティングなどの事業を取得させていけたらと提案したい。特に、四〇代、五〇代のメンバーが加入して、魅力を感じ、サポーターとして住民を巻き込み活力ある高齢社会を築くために加入を呼びかけたい。

5　ライフワークをめざして

これまで歩んできた道

八王子市で生まれ育ち、学部で社会学（主として理論）を学び大学院で教育哲学、教育思想史を学び、修士論文は「K・マンハイムの教育論の研究」を書いた。主たるテーマは、「多様な環境に生まれ、育った人間が教育によって、どの様に形成されるか」という事であった。（拙著『変動期の人間形成』学文社、一九八三年）
人間形成は教育と同じように仕事（一〇万時間）によってなされるが、これからの時代は余暇（三〇万時間）によって影響を受けるほうが強くなる。そう考えて、余暇の研究にシフトしていくようになる（拙著『余暇の社会学』文和書房、一九七七年）。
昭和四八～六三年まで㈶日本余暇文化振興会で、省庁、府県、市町村の余暇行政に関する調査委託を受けて、調査研究に従事した。それらの成果の一部は昭和五〇〜六二年の拙著で発表。

昭和五〇年代の後半から人間の形成には、仕事、余暇と共に生涯学習が大切と考えるようになった。（拙著『生涯教育の研究』（全五巻）学文社、一九八一〜八六年）

昭和六三年に旧文部省生涯学習局の新設にともない社会教育官として就任、自治体の推進体制、事業展開の指導助言を行うとともに、民間カルチャー事業、大学公開講座、外語学学校の全国組減化と業界の指導に従事した。平成四年以降、宇都宮大学生涯学習研究センターで公開講座の仕事に従事した。

平成九年に桜美林大学経営政策学部新設にともない、招かれて、余暇社会論、余暇政策論、生涯学習論を担当。生涯学習センター長として公開講座（年間四〇〇講座受講者三〇〇〇人）を六年間担当。二一年三月に定年退職した。

これから取り組みたい事柄

仕事としては、北里大学の学芸員コースで「生涯学習論」を教える。㈶日本生涯学習総合研究所理事として大学公開講座の調査研究とスタッフの研修に従事する。NPO法人全国生涯学習ネットワークの副会長として全国の市民大学の指導、人材育成を行っていきたい。講演や、各種委員会、審議会委員として国、自治体、団体、企業などに出講する。

研究著作としては、住民主導、行政と住民の協働による生涯学習の推進、中高年の（シニア）自己表現、生きがいづくりの方法、国内及び欧米の余暇思想の研究を行っていきたい。これまで三〇余年一年間に二〜三冊の単著を出してきたが、今後は体力、知力の減退を考慮して、一年に一冊出せば精一杯だろう。

社会参加活動としていくつかの学会で発表、協議、若手の育成、八王子、近隣市のご縁をもった市町での活動者とともに活動に従事し、人材育成に努めたい。

今後の市民講座に必要な事柄

今後の活動を活発化させるために関係者である自治体職員、研究者、編集者、市民大学の活動者、学習グループ、サークルの人たちに何か役立つことばを書いておきたい。

(1)　随所で主となる

自分が選択してかかわった場所で一生懸命に生きる。ホームグラウンドをもつ（なるべく小さな分野に限定して出発し走りながら徐々に専門分野を拡大していく）。

(2)　他流試合の出会いのすすめ

同業の人との交際や出会いは、数多く出席することによって知識を取得し、人脈をつくることができる。とかく、他分野の人と会ったり、会合に出かけることは面倒になりがちであるが、他分野の人から知る情報、知識は役に立つことが少なくない。昔の人はこれによって力を飛躍させた。

(3)　継続は力なり

なんの分野でも一つのことを成し遂げようとすると時間がかかる。入門一〇〇〇時間、中級三〇〇〇時間、上級五〇〇〇時間といってきた。必要なことは時間とエネルギーをかけることだろう。

江戸時代の国学者本居宣長は学問で大事なのは能力でなくて飽きないで続けることといっている。これは学問だけでなく、広く社会活動に当てはまる。

(4)　アウトプットが必要

学問も社会参加活動も初心の間は既存の状況はや知識を自分に取り入れることが大事だが、数年経過したら、入力よりも出力に力点をおいたほうが進歩が速い。出力するには時間とエネルギーを集中させる必要がある。集中が最善の能力開発になる。アウトプットは教えることと発表することが優れた方法である。

(5)　交流、ネットワークづくり

情報と知識は人についている。インターネットの普及によって、情報と知識は居ながらにして入手できる時代になった。それは誰でも可能である。これから大事になるのは人と知り合うこと、人と会話することになる。ともすると加齢とともに引き込みがちになるがちょっとした勇気をもって自分から話しかけて交流を深めネットワークを拡大したい。

第三章　シニアの生涯学習と社会参加

一　エイジレス・ライフと社会参加活動事例の特徴

平成二二年度の選考は、自治体などから推薦されてきた九七名、八四団体の事例のなかから各々六〇名、四三団体を選考した。本年も自治体等から提出された推薦書、活動事例などを事前に読了して、選考委員会に臨み、熱い議論をして選考した。

エイジレス・ライフ実践者は、平成元年からスタートし八〇七名、社会参加活動事例は、平成六年から開始されて、四三四団体が選考されてきた。これまでの実績（上位五位）は次のとおりである。

先行事例上位都道府県

〇エイジレス・ライフ実践者

①宮崎県（三六名）、②山口県（二七名）、③福岡県（二六名）、④東京都（二四名）、⑤兵庫県、福岡県（二三名）

〇社会参加活動事例

表3-1　エイジレス・ライフ実践者

ブロック	平成22年度			
	推薦県等	推薦件数	決定	
			総数	うち女性
北海道・東北	8	9	5	3
関東・甲信越	9	18	11	4
東海・北陸	9	15	9	1
近畿	4	4	2	1
中国・四国	7	22	15	5
九州	7	15	9	5
関連団体	3	14	9	2
総数	47	97	60	21

表3-2　社会参加活動事例

ブロック	平成22年度		
	推薦県等	推薦件数	決定
北海道・東北	7	11	7
関東・甲信越	8	13	6
東海・北陸	7	14	7
近畿	8	10	5
中国・四国	5	15	8
九州	5	9	4
関連団体	3	12	6
総数	43	84	43

①石川県（二四団体）、②山口県（一九団体）、③愛媛県（一七団体）、④大阪府、兵庫県（一五団体）、⑤岩手県（一四団体）

また、各ブロック別にエイジレス・ライフ実践者と社会参加活動事例について、本年度における推薦件数と決定数は表3-1・2のとおりである。

以下では、エイジレス・ライフ実践者として選考された六〇事例の活動分類、年令分布、活動開始した時期、最近の動向などについて分析したい。のちに、社会参加活動事例についても、活動内容、構成人員、開設時期、行政とのかかわりなど、最近の動向について報告することにしたいと思う。

1　エイジレス・ライフ実践者にみる特徴

エイジレス・ライフ実践者の活動内容を集計してみると、平成二二年度は、「学習・社会参加」（二三名）、「健康・福祉」（一五名）、「生活環境」（八名）、「スポーツ」（一四名）となった。平成二一年度と比較すると、「健康・福祉」「スポーツ」が大きく増加しているが、「学習・社会参加」は微増で、「生活環境」は減少している。

具体的な活動種目でみると、「学習・社会参加」では、「俳句」「民謡」「戦争体験」「エレクトーン」「草笛」「みんなで歌おう」「ピエロ・腹話術」「工作」「昔あそび」「マジック」「中国語会話」「史談会」「絵画教室」「竹細工」「紙芝居」「詩吟」「囲碁」など実に多様な内容になっている。

「健康・福祉」では、「女性コーラス」、「ダンスの振り付け」「警察犬の指導」「男の台所」「認知症予防」「デイサービス」「観光ボランティアサービス」「弁当の配達」「朗読ボランティア」「ふれあいサロン」「子育てサロン」「学校」「花壇の手入れ」などがみられる。活動の場所は、この分野では老人施設や介護施設が多いようである。

「生活環境」では、「ネパール子ども基金」「荒廃農地の活用」「遍路道の保存」「海洋環境保全」「サギソウの保護」「廃油石鹸の制作」「山桜の植樹」などがある。「スポーツ」分野では、「登山」「バリアフリースポーツ教室」「マラソン」「介護予防体操」「ウォーキング」「卓球」「中国気功」「リズム体操」「ペタンク」「太極拳」「バレーボール」「ミニバレー」などが登場している。

　これらの多彩な活動は、年齢でみるとどのような分布になっているのであるか。平成二二年度について、六五歳以上で五歳刻みでその割合を集計してみた。

　八〇歳を規準にすると、その前後の分布はほぼ同じ割合となった。各年齢階層では、多い順に七五～七九歳（二八％）、八五～八九歳（二七％）、七〇～七四歳（一八％）となっている。平成二〇年度および平成二一年度と比較すると、七〇歳代後半と八〇歳後半で割合が高まっているように思う。

　次に活動を開始した時期を集計（表3-3）してみると、「学習・社会参加」と「スポーツ」で昭和の時期に開始した割合がかなり高くなっている。この二つの分野は、平成に入ってからのスタートが割合としては低くなる。「健康　福祉」と「生活環境」は、昭和にスタートした割合が低いので、平成になってからのものが多くなる。この傾向は、あくまでも平成二二年度にみられる傾向である。平成二一年度についても参考までに数字を掲載しているが、「健康・福祉」「スポーツ」とも、平成二二年度とは反対に、昭和でのスタートが少なく、平成で

表3-3　活動を開始した時期

	学習・社会参加		健康・福祉		生活環境		スポーツ		合計	
	21	22	21	22	21	22	21	22	21	22
昭和～	7	10	2	5	5	1	2	8	16	24
平成元～ 10年	13	7	3	4	4	3	7	4	27	18
平成11年～現在	0	6	3	6	0	4	1	2	4	18
合計	20	23	8	15	9	8	10	14	47	60

のスタートの割合が多くなっている。このことから、開始した時期に関しては、一定のトレンドがみられるということではなく、年によってちがった傾向が出てくると判断したほうがいいのである。

エイジレス・ライフ実践者の活動内容、年齢分布および活動を開始した時期についての実態は、以上のように分析することができた。それでは、全体を通しての特徴について気づいたことを述べてみたいと思う。平成二一年度については、教える人が増加、活動分野に関係なく、ボランティアが増加、異世代との交流が活発化という三点を指摘した。

平成二二年度も、この三つの傾向は変わりなく目立っているが、新たに付け加えるとしたら、一つ目は、活動がますます多様化・多種目に進んでいることである。六〇名の活動種目を集計していて驚かされたことがある。それは一人ひとりの活動種目がほとんどちがうということである。まことに一人一芸の見本のような人たちが選ばれているのである。私たち選考委員は、特定の観点での選考はしていないので、結果として六十人六十芸ということになったのである。二つ目は、平成二一年度の特徴でも指摘したことであるが、教える人が増えていることに関係する。平成二二年度の特徴は、通常では教えるために公民館、体育館、老人福祉施設などに出かけることが多かったのだが、平成二二年度で目立っていたのは、自分で教室を開くという人が増えている。これは何を意味するかというと、教える実力が高まったわけである。ボランティアで教える人に加えて、月謝を取る人が増えている証拠である。老後の副収入は、とても大事だと思う。最後の三つ目は、活動の場所が既述のように、社会教育施設や体育施設をはじめとして、従来の社会福祉・老人施設など中心から、近年、拡大しているということである。かつては、エリアも小さな所に限定されていたが、だんだん拡大し、近域での活動と範囲が拡大していることも注目される。これは、交通網の発達も関係あるが、乗用車の相乗りなど思いやりも進んでいる面も忘れるわけにはいかない。

2　社会参加活動事例にみる特徴

社会参加活動事例については、大別すると「学習・社会参加」（一七団体）、「健康・福祉」（一五団体）、「生活環境」（一一団体）、の合計四三事例である。以下では、具体的な活動内容をみていくことにした。

「学習・社会参加」では、シニア元気笑学校（仙台市）、まかど手前味噌づくりの会、（沼津市）、おもちゃ病院（刈谷市）、子供達とのふれあいボランティア（湘南市）、高齢者生きがい創造学院（豊岡市）、サロン古市（周南市）、小倉城下町の会（北九州市）、など多彩である。

「健康・福祉」では、高齢者懇談会（小樽市）、シルバーリーダー会（栗原市）、いきいき体操の会（摂津市）、傾聴鶴の巣会（尼崎市）、輪だちの会（美弥市）、走友会（阿蘇郡）などがある。

「生活環境」では、達磨プロジェクト（高崎市）、わくわく園芸（深谷市）、螢とふれあう会（滑川市）、桂谷ランプの宿（山口市）、花菖蒲愛好会（荒尾市）、ふるさと先生グループ（垂水市）などがみられる。

社会参加活動事例の構成人員は、どのような現状になっているかを集計してみた。

「学習・社会参加」では、二一～五〇人（七団体）、一〇一人以上（五団体）と二つの山が見られた。「健康・福祉」では、二〇以下（八団体）と二一～五〇人（四団体）が多い。また「生活環境」では、二一〜五〇人（六団体）だけが目立って多い割合になっている。全体としては、二〇以下（一一団体）、二一〜五〇人（一七団体）が多い割合になっている。逆にいえば、五〇人以上の団体は、少ないということである。

次に、開設時期で各活動分野別にみてみると、「学習・社会参加」は「平成一一年〜現在」（一五団体）が圧倒的に多くなっている。「健康・福祉」（八団体）も同じように最近になって開設された事例が多いことがわかる。「生活環境」についても同様である。要するに、社会参加活動事例は、昭和や平成の早い段階で生まれたものはなく、近年開設された団体が多いということがわかる。

さらに、こうした団体は、行政とのかかわりはどのようになっているのかを集計してみた。全体としてみると、四三団体のうち約半分の二二団体は、「かかわりなし」という結果になっている。一方、「かかわりあり」の内訳で最も多いのは、「行政からの活動助成・財政支援」（一〇団体）と「会場・場所の支援」（七団体）の二つである。「行政との共同実施」（四団体）、「行政の施設管理」（〇団体）は少ないという結果となっている。

「行政の施設管理」が一つも存在しなかったというのは、とても残念なことである。平成一五年に地方自治法が改正されて、地方自治体が指定する管理者にその管理を代行させることができるようになった。自治体は、予算削減とサービスの向上をねらいとして、株式会社や民間団体に、次々と施設の管理を委託するようになっている。高齢者団体は、もう少し経済的自立のために、「行政の施設管理」を受託すべきではないかと思う。

個別の分野について、行政とのかかわりをみても、全体の傾向とほぼ同じ傾向にあるので、特記することはできそうにない。あえていえば、「学習・社会参加」では活動助成（三団体）と会場・場所の支援（三団体）、「健康・福祉」では行政との共同実施（三団体）、「生活環境」では活動助成・財政支援（五団体）がやや多いように思われる。

二　シニアの地域活動の活性化

シニアの地域活動の活性化は、これから非常に重要な一つである。私が顧問をしているシニアの活性化をめざしている団体「八コー会（八王子高齢者活動コーディネーター会）」を含め、これまで、そしてこれからのシニア団体の方向性について述べたい。

最初に、研究者とは、研究の対象を設定してその対象を外側から見ている。性格・特徴などをとらえて、分析してまとめるのであるが、私はほかの研究者とちがい、対象を外から見るのではなく、中に入れてもらい、改革に役立つことを提示していく。こういう実証的な研究者なので、中のことを大変詳しく知っている。そのようなことで、研究した結果の詳しい話をして実際の活動に役立ててもらいたい。

定年退職後のシニアは、体は元気でも問題をかかえる人が多い。日々の生活に活力があり、生き生きと暮らしているかどうか。八〇歳まで生きたとして、退職後の自由時間は一〇万時間ある。九〇歳が平均寿命だと一五万時間になる。この大変長い一〇万時間以上を元気で長生きし、生き生きと毎日楽しく充実させてじょうずに使える人は少ない。じょうずに使いたいと思っている人で自分の好きな趣味、たとえばゴルフ三昧、海外旅行三昧、写真三昧なども一年ともたない。一年でたくさんになる、長続きさせることはできない。生き生きと過ごすには仲間の存在なしには考えられない。何よりも元気を保ったうえで生き生き過ごす必須条件は地域での仲間づくりである。

1　シニアの地域活動の活性化とは

シニアの地域活動の活性化には、地域での仲間づくりが大切であり、私はシニアの活動を表すのに三つの層に分けている。

図3-1のように、第一層…リーダー層（世話人・支援者・サポーターと一芸に秀でている人の二種類いる）、第二層…グループ活動層、第三層…なにもしていない層となる。

八王子市はシニアが一〇万人いるので、第一層「リーダー層」が一万人、第二層二万人、第三層「なにもしていない層」七万人となる。

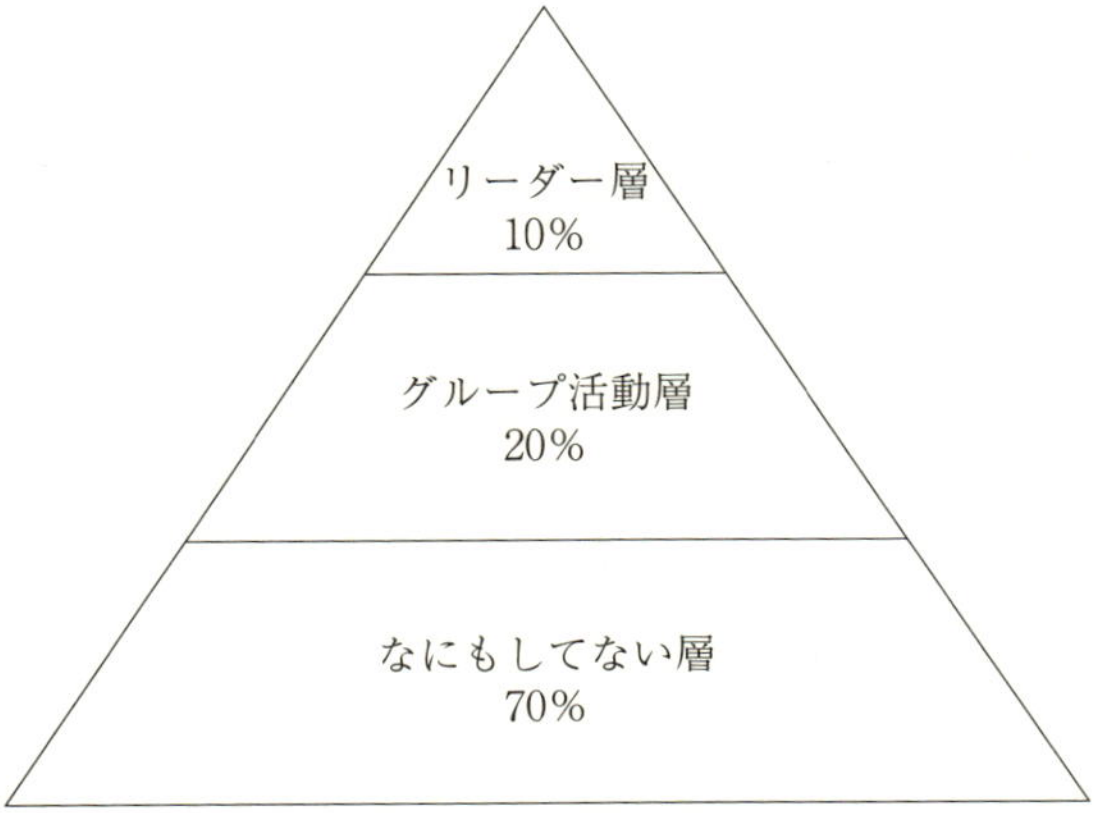

図3-1　三つの活動階層

一〇年前に八王子市は、元気老人の組織をつくろうということで、「高齢者いきいき協議会」という組織をつくり私が一〇年間会長を依頼されている。一〇年前にこの協議会の成果として、指導者を発掘しようと「一芸」バンクの報告書をつくり「元気ワールド」という厚い本にまとめた。このなかで、①シニアの活性化のリーダー養成が重要であること（高齢者活動のコーディネーター養成が開始された）、②マッチングが重要であること（センター元気ができ、現在の仕事がはじまった）を二本の柱として提言し、実現した。

以来一〇年間、この協議会の活動をフォローしている。このときの一番の結論は「コーディネーターの養成」であった。そして、リーダー養成講座を実施されてきた。

一〇年経った最近は、次の一〇年を考えている。次の仕事はこれからから開始できるとよいと思っているのだが、大きな課題はリーダー層ではなくて、第三層「なにもしていない層」への対処である。第三層へ研修講座などの働きかけを行って、第二層「グループ活動をする」へ、そして「リーダー層」へと押し上げること、これが次の一〇年の大きな役割である。「高齢者いきいき協議会」という名称をやめて、別なかっこいい名前にできればと考えている。第三層はこのまま放っておくと、数年後に病気になり、医療費と社会福祉費が膨大になる。このための対処策を考えるのが、次の「いきいき協議会」である。新しいシニアの地域活動の活性化で、第三層を少しでも第二層の活動をしてもらうことを目標とする。これは、図では簡単だが実際は非常に難しいことである。第三層の人は、定年退職後、数年「趣味三昧」をして、行き詰まってしまう。そして、三～五年で体調を崩し、莫大な医療費、社会福祉費を必要とすることになってしまう。ここでかかる医療費、社会福祉費は今のままいくと、市の予算のすべてを使ってしまいほかには回らなくなってしまう。このことを考えると、シニアの活性化によって第三層を第二層、第一層にし、元気なシニアで病気にならないほうが断然少ない費用で済む。いきいき協議会では、このことを次の主テーマにするということを検討したいと思う。

過去にもそうだったが、大きな変革というときには官公庁などの公的な機関よりも、市民の団体のほうが活躍できる。これからの社会の変革を担う組織としては、八コー会などを含め市民団体に期待するところが大きい。

第三層「なにもしていな層」は八王子では七万人いるが、五％減ってくれれば、第二層「グループ活動をする」の元気で活躍する人が五％増える。さらに、「リーダー層」へと押し上げるこのような実情を反映させ、二二年のシニア元気塾では、市の元気な団体の事例紹介の講演を組み込んだ。町内会自治会総連合会にも話してもらった。このような意味では、既存組織の活性化が必須であろうと思っている（町会、自治会、子供会、老人会など）。このようなことから八コー会のような市民団体の出番が増える。

2　変わってきた地域活動

地域活動には従来二つあった。これまで、非経済活動が活発であったが、これはボランティアをしている人が裕福だったことによる。すなわち、今八〇歳以上の人は年金が十分にもらえているので裕福である。ところが、その後の人は年金の支給額が下がり、七五歳以上の人は「ガクン」と落ちる。六〇代の人はもっと下がっている。したがって、年金だけでは暮らしていけない。生活上どうしても、

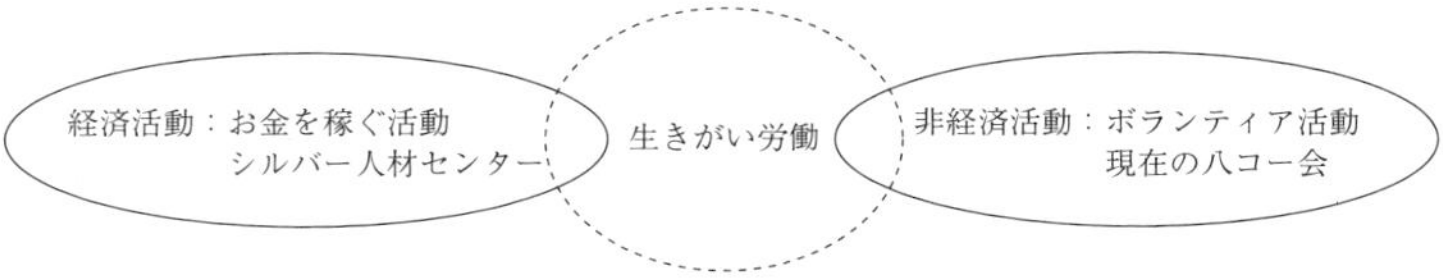

図3-2　生きがい労働とは

月五万円程度の収入が必要である。そして、団塊の世代が勤めを終え、年金生活に入る六五歳になったとき、二〇一二年だが、これは、年金の支出総額が非常に大きくなるので、国家的に大問題で、「二〇一二年問題」と呼ばれている。年金だけでは生活できない。そこがちがいである。それらの人々を中心に「ある程度稼ぐ」しかも、「生きがいのあることに従事する」ことから厚生労働省は「生きがい労働」と呼んでいる。「経済活動」と「非経済活動」の中間の活動に従事することになる。ここで厚生労働省は「経済活動」と「非経済活動」の間に「橋渡し」をつくり、この橋を「生きがい労働」という名前をつけた。八コー会は非経済活動だが、今後経済活動の希望者が増えることを想定して、八コー会等の活性化支援の団体は「生きがい労働」を提供したり、創出したりすることが必要であろう。

私が委員長になっている厚生労働省助成の財団で、「生きがい労働の報告書」を今年度に出すことになっている。このなかには、すでに実施されている事例を紹介している（全国先進事例三〇〇例）。そのなかの一つに徳島で行われている「葉っぱビジネス」がある。テレビなどで紹介されているが、「いろどり」という会社が行っている。この会社は地元の農家などの所有する山林にある、「もみじ」や「笹」「南天」などのきれいな葉っぱをとって、主に阪神地区の料亭などに「かざり」「つま」として販売している。この商売が大当たりで、大変大きな商売となり、地元の活性化につながっている。この上勝町の葉っぱビジネスは、約八〇人の会員で、平均年齢七八歳のおばあさんが平均年収二〇〇万円という商売をしているのである。おばあさんは若返り、みんな元気が出て、町の振興におおいに役に立っている。そのほか先進事例としては、身延の「竹炭つくり」や、東京では「三鷹のSOHO」がある。NECなどコンピュータ関係の会社があり、OBも住んでいるSOHO三鷹は、コンピュータ教育などの助っ人やシステム開発が主なビジネスで年商二億円になっている。

これからのシニアの活性化をめざして一〇年後の八コー会を考えると、「生きがい労働」をやりながら収入になるということになる。これを模索することが課題だ。「なんにもしない人」の比率を一〇～二〇％下げることのできる事業が考えられれば、市や都から八コー会に仕事がきて予算がつく。これにかかわった人たちは無料ではなく、自給八〇〇円程度、月二～三万円の収入になるであろう。シニアになっても、「お金を稼ぐ」ということは大変気持ちのよいものだということを体験してほしい。

年金プラスα《アルファ》ビジネス、これは八コー会も含め、シニアの団体の研究課題であろう。「生きがい労働」は厚生労働省が使っている言葉で、経済産業省は「コミュニティービジネス」、総務省は「ソーシャルビジネス」とそれぞれ省庁によって呼び方がちがっているが、大筋では同じことをいっている。

3　シニアの活性化遂行の組織・構成と人の成長

最後に、シニアの地域活動の活性化についてまとめておこう。

個々人を考えると、活性化の出発点を「シニア元気塾修了」ととらえてみよう。

横軸（X軸）を「経験…活動経過年数」、縦軸（Y軸）を「人間力と活動力」ととらえたのが、図3-3である。六五歳前後で講座を修了して出発点となる。講座修了であるから、最低限必要な項目を修得したレベルだと思ってほしい。これが出発点である。

一方、人間力と活動力を見ると、これは個人の差がある。当初から人間力の高い人、活動力の高い人もいれば、そうでない人もいる。A、B、C、Dの人がいるし、「E（エクセレント）」の人もいる。Eの人はリーダー的存在の人で、A、B、C、Dはフォロアーの人、一番重要なのはフォロアーの人で、組織を支える人、この層が厚くないとだめ。リーダー的な人は数人程度で、あとは、フォロアーとして支える人だが、最後の「D」も重要。宴会専門の人などは貴重である。優秀な人間だけの組織では滅んでしまう。いずれの会もリーダーは二割でよい。問題は支えるフォロアーの八割が大切で大事である。出発点はいろいろあるが、その後が大切である。

その後三年五年経って、上昇しつづける人、平行な人、下降していく人が年の経過とともに出てくる。

ここで、上昇しつづける人は、「やりがいがあり」楽しい。平行な人と下降していく人は「やりがいがなく」つまらないので、今の

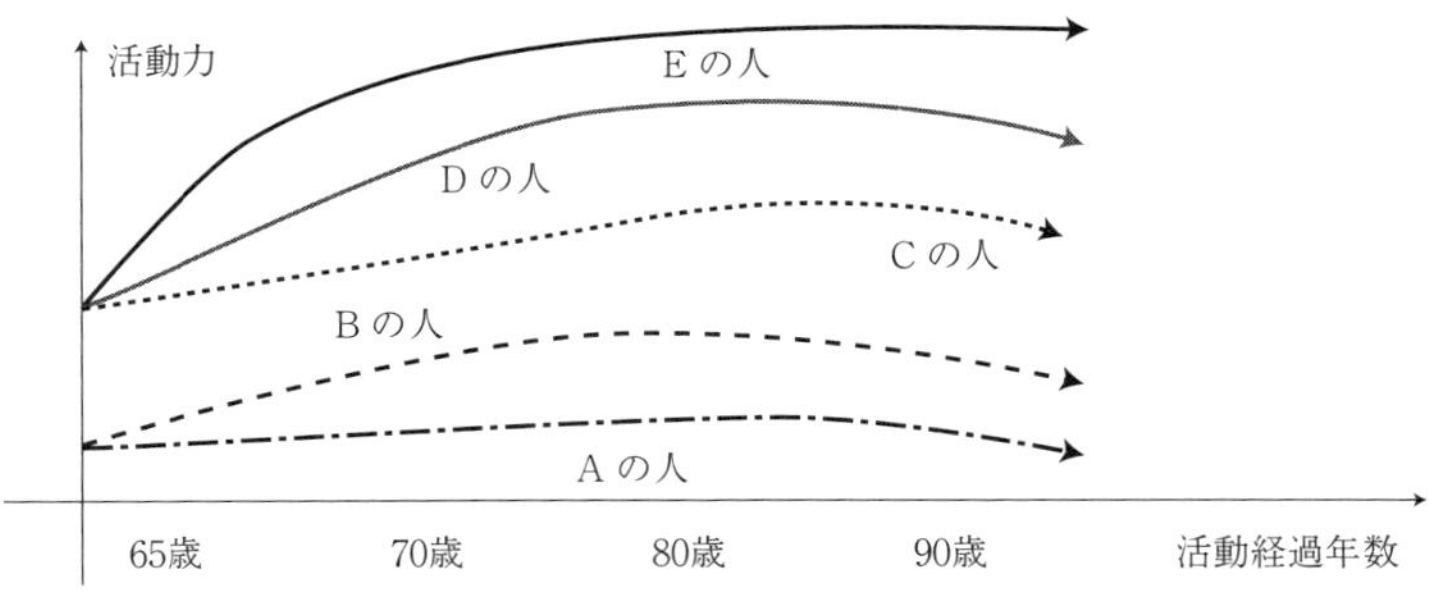

図3-3　高齢者の地域活動

取り組みを「抜け出し」辞めることになる。

団体の運営者は、このことを理解しておかなければならない。皆が上昇していくように会を導いていくことが大切である。「成長することが本人にとって望ましい」のである。そのことから、メンバー誰もが「あなたでなければならないもの」見つけになる。見つかれば「寝ても覚めても考えるアイテムが見つかった」ことになり継続する。熱中できるものが見つからなければ、「会を抜け出し辞める」。一方、リーダータイプには、「一芸」に優れた人がいる。特に高齢者には、マネジメント力だけでなく、好きなことが「一芸」となり、「あなたでなければならないもの」が見つかる。たとえば、寝ても覚めても写真という人は、写真という「一芸」をもった生きがいのある人である。

「掛けた時間の総和」＝「生きがい」ととらえて、なにか熱中できるものをみつけ出そう。自分の所属する会の活動が熱中できるものであれば最高であろう。

シニアの地域活動の活性化とは、間もなく出される厚生労働省の「生きがい労働」などでいっているので、国の方向として進むが、そのときに自分自身「あなたでなければならないもの見つけること」が重要であろう。

三　アクティブシニアの社会参加

県立かながわ女性センター（駒形芳彦館長）は昭和五七年に開設され、毎年二万人の利用者を集め、県の男女共同参画を進める拠点施設である。センターでは、毎年テーマを変えて、「男女共同参画フォーラム」を開催している。平成二三年は、「新シニア世代へ、地域のきづなづくり―アクティブシニア力を地域に活かす」をテーマに実施された。

私は、この講座（平成二三年八月）の講師とシンポジウム（同年九月）のコーディネーターを依頼されたので、社会参加、なかでも地域活動の現状とあり方について改めて考え、資料をとりまとめて出講させてもらった。シンポジウムは、基調講演者である作家の西田小夜子氏もユニークな人だし、パネリストの三人もそれぞれ個性的な人で、協働して何かメッセージが出せるのではないかと期待した。

1　みらいセミナーのねらいと内容

このセミナーの「趣旨」および「ねらい」は、主催者が練りに練った文章なので、時代性、社会性が反映されていて、引用されてもらいたい内容である。やや長いが原文を使わせてもらった。

一　趣旨…男女共同参画社会に関する様々な知識について学び、地域において男女共同参画を推進する人材を養成する。

（男女共同参画の社会の実現に寄与する人材、地域や社会、職場や家庭でその活躍の場を広げていく実践者としての人材育成）

二　テーマ…『新シニア世代へ　地域の「き・ず・な」づくり』

～アクティブシニア力を地域に活かす

三　ねらい…

・今迎えつつある超高齢社会に向けて、これまで長時間労働に従事する会社人間であった団塊世代・定年を目前に控えた五〇歳代からの新シニア世代に向けてメッセージを発信する。
・今後、働き盛りの労働者が介護休暇を取得したり、介護のために退職を余儀なくされることが想定されることから、企業はこれらの状況を踏まえた従業員の働き方や社会全体の仕組みを再考せざるを得ない時期にある。
・「高齢者」のなかでも、元気（＝アクティブ）、に社会のために働ける（働きたい）人たちも多い。そうした人たちが地域に戻り、改めて地域との絆をつくり、地域の課題解決のために貢献できるか可能性を模索する。
・地域や介護の分野は女性が担うという固定観念ではなく、新シニア世代が地域への参加や地域福祉力の底上げに寄与していくような、男女共同参画の視点をもった実践活動につながる講座とする。

この「趣旨」と「ねらい」から、テーマとして「新シニア世代へ、地域のき・づ・なづくり―アクティブシニア力を地域に活かす」が導き出された。

プログラムの内容は、全九回で第一回の六月二五日から第七回の九月一〇日まで約三カ月、原則的に、隔週土曜日の午前一〇時から午後三時まで、一日二コマで開講された。講師陣は、第一回と最終日の第七回が神奈川大学の松岡紀雄名誉教授が担当し、各回はその分野の専門家が登用された。

松岡氏のレジメを参照すると、問題提起として、旧松下電器の出身者らしく、松下イズムが前面に

表3-4　セミナーのプログラム

回・日時	講義テーマ・内容	講　　師
第１回 ６月25日 10時～12時	ガイダンス	
	新シニア世代へ “二所懸命”で新たな地域のきづなづくりを	神奈川大学名誉教授 松岡　紀雄氏
13時～15時	地域社会における男女共同参画とは？ ～共同・協同・協働と共生社会～	東京女子大学現代教養学部教授 岡村　清子氏
第２回 ７月16日 10時～15時	超高齢社会における新たなきずなの創造 ～家族と地域の変化に注目して～	お茶の水女子大学大学院教授 藤崎　宏子氏
第３回 ７月23日 10時～12時	「好い加減人生」のすすめ ～グッド・ライフ・バランスを考える～	㈱ニッセイ基礎研究所主任研究員 土堤内　昭雄氏
13時～15時	“男性介護者”の支え合いを考える	神奈川県立保健福祉大学教授 太田　貞司氏
第４回 ７月30日 10時～12時	シニアの居場所づくりの活動事例	NPO 法人湘南ふじさわシニアネット代表理事 二宮　欣司氏
13時～15時	市民活動と福祉の街づくり	NPO 法人ぐるーぷ藤理事長 鷲尾　公子氏
第５回 ８月27日 10時～15時	アクティブシニア力《りょく》の活かし方	桜美林大学名誉教授 瀬沼　克彰氏
第６回 ９月３日 13時～16時	公開講座（男女共同参画フォーラム） ●基調講演　　作家　西田　小夜子氏 ●シンポジウム 司　　会　瀬沼克彰（桜美林大学名誉教授） パネラー　野原すみれ氏（高齢化社会をよくする虹の仲間　運営委員長） 卯尾　直孝氏（一般社団法人神奈川健康生きがいづくりアドバイザー協議会　講師活動担当） 杉原　陽子氏（地方独立行政法人東京都健康長寿医療センター　主任研究員）	
第７回 ９月10日 10時～12時	アクティブシニアによる地域活性化のためのプログラムづくり	NPO 法人藤沢市市民活動推進連絡会理事・事務局長 藤沢市市民活動推進センター長 手塚　明美氏
13時～15時	テーマの総まとめ これからの男女共同参画と地域のきずなづくり（仮）	神奈川大学名誉教授 松岡　紀雄氏

出されていた。「幸之助さんから学んだことを、ひとつだけ挙げろと言われたら、自分の寿命を超えて日本と世界、人類の行く末を考え、自らの思いを人々に訴えること」とを述べている。

レジメに書かれた文章で引用したいことはたくさんあるが、以下の項目をあげたい。

「新シニア世代の責任は？

知恵と経験、体力を生かし、子どもたちが生まれてきたい、生まれてきてよかったと思える社会を築くこと！

―趣味で、悠々自適を楽しんでいる時ではない！」

新シニア世代への責任として、「政治や国や自治体任せではなく、地域から変えていく、これしか日本の再生の道はない」として、「民が立ち上がり、行政と企業と協働推進」を説いている。「後期高齢者ではなく、高貴高齢者を目指そう。日々ベストを尽くし、最期はいさぎよく」という主張は、すばらしい言葉である。

私は、第五回アクティブシニア力の活かし方を午前中は講義、午後はグループ編成をしてワークショップを開催した。「アクティブシニア力」をどうとらえるかについて、担当の参画推進課の松家さおり氏と打合せして、「アクティブ（元気）に社会に働きかけることのできる能力や技術」と規定した。私は、専門分野が余暇論と生涯学習論なので、その視点からのアプローチをしたいと講義を始めた。私は、以前から、アナン前国連事務総長が、第二回国際高齢者会議で演説に使った「高齢者は社会の重荷ではなく資産」「高齢者は一つの大きな図書館」という言葉が好きで引用させてもらっている。

高齢者は、地域にとって貴重な宝である。このことを現代社会は忘れている。特に、高齢者自身が自信喪失している。地域貢献者として、大きなパワーを発揮できるノウハウをもっている人は多いのである。

こうして自信を回復して、同志を募り地域で活動を開始する。そのときの方策、注意事項、成果、楽しさ、喜びなどについて講義して、後半、質疑と討論を行って、午後のテーマ設定とグループ編成について受講者と協議した。

2　アクティブシニア力をつけるワークショップ

午後の受講者主体のワークショップは、(1)グループ編成、(2)話し合いの内容、(3)アクションプランの発表の三部構成で以下のグループワークと時間配分で実施することにした。

具体的なアクションプランをもつためのワークショップ

(1)　グループの編成　一三：〇〇～一三：一〇

自分が関心をもち、取り組みたいと思う活動内容（テーマ）

Ⓐ　文化・スポーツ・レク活動

Ⓑ　ボランティア・社会福祉活動

Ⓒ　町内会・自治会・地域の祭等　近隣活動

Ⓓ　コミュニティビジネス・起業・生きがい就労

㊟　参加者二〇名程であれば一グループ五人。二〇名以下の場合は、Ⓒは削除（理由はノウハウを確立していて、新参者は改革に参員できないため。参加者の入会も数少ないことが予想

される。

(2)　話し合いの内容　一三：一〇〜一四：一〇

①　グループ・サークル（同好会）を立ち上げる

簡単な規約、年間年間行動計画の作成

②　既存のグループ・サークルに加入する

情報検索・調査→接触→加入→役割を持たせてもらう→活動

・人口一万人当たり五〇〜一〇〇団体

・グループ・サークルの発展モデル（発意―萌芽―成長―成熟）

(3)　アクションプランの発表　一四：一〇〜一四：五〇

・一グループ（一〇分）×三〜四グループ＝三〇分〜四〇分

・最後に講師が講評　一〇分

(1)のグループ編成は、三つあるいは四つを考えていたので、Ⓐ〜Ⓓを準備したが、当日、天候が悪いこともあって、一二名と少く、参加者と協議してⒷとⒸとⒹを一緒にした新しいⒸの二班でワークをすることになった。

(2)　話し合いの内容は、二つのグループとも①のグループ・サークルの立ち上げを選択した。Ｂグループは、老人病院や老人ホームを訪問し、傾聴、口述筆記をするボランティアのグループを立ち上げたいというテーマを選択した。現在、県内各地でこうした活動に関心をもち、自治体の養成講座が開催されている。この場合は、講座修了時に自治体の支援でＯＢ会ができる。

しかし、まだ未開催の自治体も少なくない。せっかく近隣の市町でノウハウを身につけたのだから、自分の住む市でノウハウの向上、活動にともなう課題や情報交換が絶対に必要である。そこで、グループの何人かがグループ立ち上げの話し合いをした。

まず、行動計画を立ててもらうことにした。スケジュールを立てることも必要だが、私は、人、もの、金、情報の運営の四原則を話し合ったらどうかとアドバイスした。

「人」について、最も大事なのは、メンバーの人数なので、どうやって会員を一人でも多く集めるか、メンバーに役割分担を決めてどうやってやる気をもってもらうかなどが検討された。

「もの」については、定期的な集会の場所の確保が問題である。また、受け入れ側の需要は強いので、メンバーが活動する場、機会が不足することはない。むしろ、「情報」の問題として、メンバーを受け入れ側にどう派遣するか、詳しい情報提供が必要である。そうした情報を掲載した名簿、プロフィールを集約して相手側に提供することが大切と協議された。「金」については、無償ボランティアでこれまできたがこれからは有償の話も強く出された。

もう一つのCグループは、「新しい自治会を立ち上げる」をテーマに話し合いを行った。Bグループとちがって、このグループは、年間計画というスケジュールに主に取り組んだ。具体的には、マンションを想定して、規約づくり、管理組合との連携策、活動の場の確保（コミュニティ・スペースを利用）などを当面の活動計画に策定した。

さしづめ、どこから活動を開始するかということで、月一回の定例会、年間イベント計画、会員集めのためにアンケートを各戸に配布して要望を聞き、要望が高い活動を優先する、人材バンクもつくって相互援助に供する。

二つのグループとも、たくさんのアイデアが出て、KJ法を使って関連するアイデアで島をつくり、提案というかたちにもっていった。模造紙に提案を別記して、代表に発表してもらった。私は、最後に講評として、参加者が持ち時間いっぱいに締切時間のくるのを忘れて熱中して取り組んでくれたのがよかった。また、こうしたまとめ方の技法を身につけたので、地元に帰って活用してもらいたいと話した。

3　シンポジウム「アクティブシニアのいきいきライフ」

第六回目は、公開講座「男女共同参画フォーラム」であった。事前に出演者と主催者が打合せをして、ねらいと進め方を確認した。内容は二部構成で、一部は作家の西田小夜子氏の「六〇からがおもしろい―妻と夫の定年塾」という講演である。西田氏は、プロフィールをみると、次のようにユニークな女性である。

略歴　一九四一年東京都生まれ。武蔵野美術大学卒業。定年退職が男だけの問題とされていた一五年前、夫の定年で人生を軌道修正させられるのは妻の方だ、という小説を書きマスコミの話題となった。鋭く温かい人間洞察で人気のコラムを東京新聞、中日新聞に長期連載中。快適な老後を目標に「定年塾」を主催。

講演は一時間であったが、定年後、家庭以外に居場所のなくなった夫に妻は生活を拘束されストレスが高まる。夫婦の意識のズレを修正していくポイント、アドバイスが各地で好評を得ている。

話は、すべて自分と夫との体験を出発点にして、一五年間にわたって、東京都青梅市の寺を教室にして定年塾を月二回開いて、そこでの聞き書き、個別の取材を通して得た話のまとめである。

二部は、シンポジウム「アクティブシニアのいきいきライフ」である。私はコーディネーターとして、出演者と会場の参加者に、適格に「ねらい」をわかってもらうために苦心した。前述のように、「ねらい」の四本は、実に本日の討論について、主催者のメッセージを語っている。しかし、これを読み上げたいが、長過ぎていくらゆっくり読んでも参加者はついてこられないだろうと思えた。自分の言葉で単的にプレゼンテーションすることが不可欠である。

そこで「本日は、講演者とパネリストから多様なシニアのアクティブライフの実像が語られます。参考になる点があったら、取り入れるようにしてください。もう一つは、本日の参加者から自分の体験を発表してもらうことを重視しています。一人でも多くの人がそれを出してください。両者を合わせて江ノ島発の提案にしたい」と語った。

進め方として、パネリストは一人二〇分、簡単な自己紹介、活動内容、課題、その解決策を出してもらって、その後、西田氏には補足をしてもらって、会場の参加者と質疑応答、自己主張をしてもらうことにした。各パネリストの話は、さすがにベテランばかりなので三者三様で参考になる事柄が多かった。

最初の発表者である野原すみれ氏は、自分たちの老後を考える「虹の仲間」という団体を一九八三年につくり、自からも母と義母の介護を経験し、「がんばらない介護」を実践し介護者の健康の大事さを訴えた。卯尾直孝氏は、生命保険会社でライフプラン講師を担当、退職後、神奈川県健康生きがいづくりアドバイサー協議会で活発に活動している状況を話した。これからも自主講座も含めて行政と協働、連携してシニアの支援をしていくことを訴えた。

杉原陽子氏は、シニアを長期間追跡調査し、心身の健康や社会参加、人間関係の加齢にともなう変化などを研究している。話は、パワーポイントを使ってシニアの実態について多方面から切り込み説明した。地域活動のメリットについて、参加している人としていない人では、生存率が明らかにちがってくることに驚かされた。同じように、社会参加を行って対人関係の多さによって、死亡率がちがってくることもデータ的に明かにした。心理面への影響として、社会参加活動は、抑うつ傾向を防ぐ効果があることもわかった。

こうしたパネリストの話と提案のあとに、会場の参加者から質疑と主張をしてもらった。「社会参加をしたいが、最初の一歩が踏み出せず、どうしたらいいか」「六〇歳で退職しても、収入を得る仕事につかなければならない」「地域に出られない」「地域でグループをつくるにはどうしたらいいか」などの質問があって、それぞれ出演者に答えてもらった。

最後のまとめをしなければならない。主催者から何か「江ノ島からの発信」のメッセージにしてもらいたいと要望されたので、私は、以下の三本柱をメッセージにさせてもらった。

一、地域活動に参加すると、人間関係が拡大し、人を元気にするので長寿になる。自分の興味のある好きな団体、グループに入って活動していくことをすすめたい。

二、地域にライフラインをつくっていこう。孤独死、災害対策など行政の援助だけでなく、近隣の人たちが日頃から接触する機会をもって、互いに助け合う。

三、本日、基調講演者、パネリスト、参加者から多様な実例の紹介を通して学んだことだろう。学んだことは、明日の生活で活用していかないと本当に学んだことにならない。

四 「新しい公共」の理念と取り組み状況

「新しい公共」という行政執行の方法が、平成二二年六月に、政府から「宣言」と「具体的イメージ」が出された。これは、省庁でいえば、全省庁の新しい行政執行の方策といえる。これまでわが国の行政執行は、国が大枠（骨格）を決めて、都道府県に下ろし、若干の修正、ローカル色を加味して最少限のアレンジを行い、市町村に流した。

住民は、このプロセスに参加することはなく、受益者として対象にとどまった。これは、時代の要求や経済不況下になじまない。住民の力を積極的に借りる手法として「新しい公共」が出てきたと考えられる。きわめて必要な理念であり、成果を上げていかなければならない。以下で、考え方や取り組み状況についてまとめてみることにした。

1 「新しい公共」の理念

「新しい公共」をつくるために、どうしたらいいかという方法として、以下のようなビジョンが示されている（「新しい公共」宣言（抜粋）平成二二年六月）。

「「新しい公共」が作り出す社会は「支え合いと活気がある社会」である。すべての人に居場所と出番があり、みなが人に役立つ歓びを大切にする社会であるとともに、その中から、さまざまな新しいサービス市場が興り、活発な経済活動が展開され、その果実が社会に適正に戻ってくる事で、人々の生活が潤うという、よい循環の中で発展する社会である。

日本には、古くから、結・講・座など、さまざまな形で「支え合いと活気のある社会」を作るための知恵と社会技術があった。「公共」は「官」だけが担うものではなかった。」

従来、「公共」というと、官、国という受けとめ方がされてきたが、ここでは、「主役は一人ひとりの国民である」と書かかれている。本来、なぜ国民が主役でなければならないのか、国民は、どのような役割を果すべきかが書き込まれるべきだと思う。しかし、「宣言」は、年寄り夫婦の朝の通学路での横断歩道における交通整理、長野県の「保護補導員」の地道な活動、丹波市の県立病院における医療崩壊を救った母親の活動を紹介することだけを書いている。

企業に対しては、要約版は、以下のことを言及している。具体的な事例は、出てきていない。

「企業は、市場を通じて社会に受入れられ、社会に貢献することで、その対価として利潤をあげる存在である。しかし、利潤の多寡という経済的評価だけでなく、本業そのものの社会性や、社会貢献活動などに対する多様な評価を積極的に受けることを推進してもらいたい。資本主義の下では資金の移動は非情である。資金は経済的リターンが少しでも多い方に流れる。しかし、企業が長期的に存在するためには、獲得した利益や知恵を社会に環流してゆく必要がある。」

政府に対しては、「新しい公共」を実現するために、次のことを提案している。

「政府は、国民一人ひとり、そして、各種の市民セクターや企業など、社会のさまざまな構成員が、それぞれの立場で「公共」を担っていることを認識し、それらの公共の担い手の間で、どのような協力関係をもつべきか、委託・受託の関係はいかにあるべきかを考えていただきたい。その上で、対等の立場で対話と協働を進めていくべきだと考える。

さらに、国や自治体等の業務実施にかかわる市民セクター等との関係の再編成について、依存型の補助金や下請け型の業務委託ではなく、新しい発想による民間提案型の業務委託、市民参加型の公共事業等についての新しい仕組みを創設することを進めるべきである。さらに、公的年金の投資方針の開示の制度化による社会的責任投資を推進することが望まれる。」

次に、「新しい公共」の具体的イメージについて資料を添付している。それは、すべて事例であるが、引用してみることにした。

非営利セクターの活性化とソーシャルキャピタルの育成

・「新しい公共」創造基金と寄付推進機構、京都地域創造基金をモデルに全国展開をめざす。

・市民社会創造ファンド　個人、企業、団体からの寄付や助成の受け皿となる資金仲介組織

・SVP（ソーシャル・ベンチャー・パートナーズ）　東京、一〇万円の寄付を原資に社会的課題の解決に取り組む団体

・一％クラブ　経団連が一九九〇年に設立、法人会員二三四、個人会員九四〇名。

新しい公共を担う社会的、公共的人材の育成

・NPOと行政と企業が共に育てる社会人人材NPOラーニング奨学金

・ＰＴＡの活性化によるコミュニティ・スクールへの道　全国の公立学校をコミュニティ・スクールに発展させていく。
・総合型地域スポーツクラブを拠点とした地域住民の主体的な取組
学校　廃校の活用。クラブ指導者の派遣。
公共サービスのイノベーション
・新しい発想による公共サービスと市民セクターの関係構築
愛知県でＮＰＯ（六五七団体）と行政が「協働ルールブック」を作成
我孫子市では行政サービスを民間に移す「提案型公共サービス民営化制度」を開設

新しい発想によって地域の力を引き出す
・上方落語の定席を五〇年ぶりに復活し、商店街の集客を三倍増（大阪・天神橋商店街）
・小布施における株式会社づくり。町と商工会議所が一六五〇万円を出資して地域振興活動
・英国と米国で始動した「居場所づくり」プロジェクト
英国のＮＰＯは高齢社会の問題は「孤独」と考え、市民がヘルパーとなって、依頼の電話に対応。

米国の「シニアチュータープログラム」は、低所得の子どもたちの家庭教師をすることでクーポンを得る。

共感とコミットメントの経済活動による社会のつながり形成
・ぱれっととスワンベーカリー、障害のある人の雇用の場づくり、クッキー、パンの販売。

民間による組織的な公共的支援活動

・民間による大規模災害への対応

プラットフォーム　バルーンシェルター（五〇〇人収容）　物資輸送などの民間主導のプラットフォーム

・市民の水源地域保全活動とトラスト法の制定。奥山の水源地を守るため「譲渡不能原則」で一五三六haを購入

・学童通学見守り隊。

地域住民が、自分のできる時間に出てきて、通学見守りをする、防犯活動にも発展

以上のように、「新しい公共」についての宣言や具体的イメージなど理念的な文章を読むと、「新しい公共」は、国をはじめとする行政の主導が目立っている。国が大枠を決めて、各省庁が具体的施策を策定する、それを都道府県に下ろして実際に事業化してもらう。都道府県は、さらに市町村に下ろして実行する。

この方法が取られているわけで、これは、従来の行政主導の施策展開とほとんど変らない。これまでとなんら変わることのない仕事の進め方である。「新しい公共」の担い手は、住民でなければならない。このことは、「宣言」でも随所に出てきている。しかし、施策的に強力に出されていないのはなぜだろうか。

行政に代わって、住民が主体的に事業を進めるために、住民を育成することが言及されている。しかし、それは容易なことではない。せっかく行政主導の弊害を除くために「新しい公共」が出されて

きたのだから、充実させてもらいものである。

２　文部科学省の取り組み

中央省庁の「新しい公共」への取り組みは、文部科学省、経済産業省、国土交通省、総務省などにみられるが、ここでは文科省の取組状況について述べてみることにしたい。

一、新しい公共の基盤を支える制度整備

ここでは、「寄付税制の見直し」「税額控除の導入」「信託による新しい公共支援を可能とする税制を含む検討」などが入っている。

二、基金の設置などソーシャルキャピタル育成による投資や支援

具体的事業として、「地域コミュニティのソーシャルキャピタルを高める先進的な活動の促進・支援」（文化芸術創造都市の推進」〇・五億円、「優れた劇場、音楽堂からの創造発信事業」二六億円がある。そのほか、「ＮＰＯや非営利団体等の有する美術館、ホール等への固定資産税の減免や容積率の緩和の検討」、文化施設の不動産取得税、固定資産税、都市計画税の二分の一減免などである。

社会的活動を担う人材育成、教育の充実

文科省は具体的施策としては、「社会的活動を担う人材を企業と中間支援ＮＰＯ、大学、行政等が連携、協働し育成」を目的として、以下の事業が提案されている。

・学校・家庭・地域の連携による教育支援活動促進事業

・学習者の視点に立った総合的な学び支援及び「新しい公共」の担い手育成プログラム
・学校・家庭・地域の連携による教育支援活動促進事業
「新しい公共」型学校創造事業（未来を拓く学び・学校創造戦略）
・地域ぐるみの学校安全体制整備推進事業
・スクールヘルスリーダー派遣事業
・学校内で安全を見守る支援的スタッフに関する調査研究
・子どもの健康を守る地域専門家総合連携事業
・学校運営支援等の推進事業
・地域・社会の求める人材を養成する大学等連携事業
・社会教育による地域の教育力強化プロジェクト
・スポーツコミュニティの形成促進
・総合型地域スポーツクラブの育成推進事業
「スポーツ立国戦略―スポーツコミュニティ・ニッポン―」
・日本／ユネスコパートナーシップ事業
・社会教育による地域の教育力強化プロジェクト（再掲）

そのほかの「新しい公共」の推進方策

【取り組みのポイント】
・社会イノベーションの促進に向け、モデル事業に係る経費に対する財政支援、「総合特区」に対

する税財政上の支援等を実施するための要求が実施されているところ

・子ども・子育て新システム、公的年金の投資のあり方については、引き続き検討の上、結論

ここでは、地域市場の創成として、「子ども手当の一部を財源として、自治体がバウチャーを発行し、採用することで、NPOの活躍の場を拡大し、ソーシャルキャピタルの高い地域を形成する」ことを目的としている。具体的事業は、以下の二本がある。

・子ども・子育て新システムの基本制度案を踏まえ、必要となる税制上の所要の措置を講じることを要望。

・上述の基本制度案を取りまとめ平成二五年度から施行を目指す。

二つ目は、「企業の公共性」の問題で、中間支援機関の育成中ネットワークの立ち上げ、マニュアルの作成によるノウハウの提供があり、三つ目は、学習者の視点に立った学び支援および新しい公共の担い手育成プログラム、地域コミュニティ学校、スポーツコミュニティの形成促進などがみられる。

第四章　西欧余暇思想の系譜と近年の余暇関連文献

一　古代ギリシャから近世に至る西欧余暇思想

人間の歴史のなかで、いつの時代にも労働と労働を休む余暇は存在した。古代ギリシャの時代から近世にいたる歴史のなかで庶民は常に過酷な労働と生活難とともに暮らしていたが、余暇は楽しんでいた。ただ、余暇とは何か、余暇を充実させて過ごすことは必要か。望ましいあり方はあるのかなど、余暇哲学は、常に一部の階層が考えることで庶民とは無縁であった。

これを思想や実践に取り入れたのは、一部の貴族、経済的に豊かな市民に限られていた。また、歴史的にも、余暇思想が好んで活発に論じられた時代とそうでない時代があった。古代ギリシャ、ローマとルネサンスの時代が前者の代表で、中世、近世は後者になる。

紀元前（BC）九〇〇年の古代ギリシャから近世の一七、一八世紀までの余暇思想を解明するにあたって、私は各時代を反映しその時代を決定していった思想家に着目する方法を選択した。それは、バートランド・ラッセルが『西洋哲学史』（一九四六年）で使った手法で、哲学史の執筆にあたって、人を中心に論述する手法であった。私が選び出してきた思想は、その多くをラッセルの著書を参考にしている。

古代ギリシャから一七、一八世紀をそうした思想家を中心に余暇思想を調べてみると、最終的に以下の三つの思想に集約できると思えた。
1．自己開花、自己実現、人間的成長
2．幸福の追求
3．公益への貢献
そこでこの三つの柱を立てて、古代ギリシャから近世にいたる余暇思想を系譜的に考察してみることにした。多くの思想家の余暇思想が、この三つのどれかに当てはまるものであった。

ただいくつかの思想は、当てはまらないものもある。一つは、キリスト教の思想である。特に、中世（四〇〇―一四〇〇年）を支配した思想は、人は地上にあっては生活が困難で喜びは少ない、労働は神からの救済につながる道である。死後、天上の至神への道があると余暇否定の思想が教会の権力のもとで絶対的であった。

これは、民衆に絶対的な権力として命令されていたので、この時代の余暇は否定の考え方しか存在しない。もう一つは、古代ローマの末期、カリギュラ帝、ネロ帝の時代にパンとサーカスに代表されるように、民衆を服従させるために愚民政策の道具として余暇が使われた。ちなみに、この二つの系譜は、本書では取り扱っていない。

1　人間的開花、成長的実現

余暇の最終目標は、人間的開花、完成、自己実現であるという思想として、プラトン、ゼノン、エピクロス、セネカ、カンパネラ、ルソーをあげたい。このほかに、古代では、アリストテレス、アウレーリウス、近世になってパスカルなどもあげたいが、主たる目標というとらえ方をして上述六人にしぼることにした。

プラトンは、成人の余暇の質を決めるのは子ども時代の教育にかかっているから、体育と音楽を中心に教育することを説いている。大人になってからは、徳（知恵、勇気、恩恵、正義）を身につけることを重視する。これは、現代流で考えると、生涯学習のすすめということになる。

ゼノンはストア主義者で、ロゴス（理性）に従って生きることを説き、パトス（非理性的感情）に惑わされない行動の場をもつことを人間完成と説いている。一方、ストアに対するエピクロス学派（快楽主義）の開祖エピクロスは、刹那的な快楽ではない生活を通して心の安定を説き、そのために世俗的な成功を捨ててパンと水だけの生活をした。両者は禁欲と快楽というちがう思想だが、余暇を通して心の安定を得ることを重視した。

セネカは、『余暇について』を書いて、徳の函養、善き人間になることを説いた。余暇を真の余暇と真の余暇でない余暇に分けて、前者は英知に恵まれた者が徳を磨くこと、後者は快楽、娯楽、競技と何もない怠慢と説明する。

カンパネラは、『太陽の都』を著して、人口五万人の理想国家論を主張した。プラトンの影響が強く、財産の私有は認めない。農業中心の共同生活で労働は一日四時間を説いたことが有名である。労働から解放されたら、楽しく遊んだり、勉強したりして人間性向上をはかってほとんどの人が一〇〇歳、一二〇歳まで生きることを理想と描いた。

ルソーは、『エミール』を書いて、人間は白紙の状態で生まれてくるから、しつけや教育が必要と説いた。ルソー以前においては、ヨーロッパでは、子どもという概念はなく、「小さな大人」と呼ばれて、小さいときから働いていた。彼は、プラトンと同じように、余暇活動の質を決めるのは、子ども時代の教育と考えて、①子どもは自由に育てる、②子どもをして子どもは自由に育てる、③心情の形成、精神の形式、④知識の練成よりも常識の獲得（物識りでなく学ぶ意欲が大事）といった四つの原理を説いた。

子ども時代に自然から学ぶことが人間的開花、自己教育に何よりも大事と主張した。

(1)　プラトンの教育論

プラトン（BC四二七―三四七）は、二〇歳のときにソクラテスに会い、「汝自身を知れ」に代表される徳と知を結びつける無知を摘発することに熱心に取りくんだ。ソクラテスの死後、エジプト、オリエント、シシリーなどの旅に出て、故郷アテナに帰り、アカデミアという学校をつくった。

「「人間の目的は最高善としての勇気、知恵、正義、恩恵などの徳を手に入れることにある」そのために子どもの教育が重視されている。」（シュテリッヒ、草薙正夫他訳『世界の思想史』上巻、白水社、一九九五年、一六七頁）

ここでは、特に教育論が強く論じられている。

「国家がどのような子どもにも素性に関係なく目標の可能性を与えることから始めなければな

らない。体育と音楽は幼年時代の教育の根本要素である。体育は肉体を形成し勇気と抵抗力を与える。音楽は魂を形成し温和と柔軟を与える。」（前掲書、一六七頁）

体育と音楽、徳について勉強し、成績の優れた者が哲学の知的訓練を受けて、三五歳になったときに実生活に入る。その後一五年実務と生存競争の経験を経て、五〇歳で完成した男として指揮者の地位につく。この人たちは、一般市民のような私有財産と家族をもたない。一般市民は、家族をもって個人的家庭生活を生きる。

選ばれた人になるにしても一般市民であるためにも、人間の目的は、最高善を手に入れることになる。最高善のなかで徳が最も重要で徳のなかで知恵、勇気、思想、正義の四つが包括されている。人間は、この徳目を身につけるために、日々過ごすことが説かれる。ここに、現在の生涯学習論の方法が語られている。

(2)　ストア主義とエピクロス学派

ストア主義は、ゼノン（BC三三五―二六三）によって開かれた。彼は、キプロス島に生まれ、「自然にしたがって生きよ」と教えた。後述のエピクロスがたくさんの著作を残したのに対して、ゼノンの著書は断片を除いてほとんどない。

自然のなかで、根源的な働きをしている原理をロゴスに従って生きることを説いた。ロゴスに対立する非理性的感情をパトスと呼んだ。人はロゴスに従って生き、パトスに惑わされない不動心（アルペティア）を築くことを人間の完成として重視した。

一方、エピクロス学派はエピクロス（BC三四一―二七〇）が開祖で、「快楽主義」といわれるが、彼は刹那的快楽ではなく、生活を通じての安定した精神的快楽で、これを得るために、世俗的な欲望を捨ててパンと水などの質素な生活をして、俗信を避けて心の平静を求めた。

二人の思想家に共通しているのは、以下の点である（前掲書、三四頁）。

「二人の思想家の哲学の中核についてみたが、共通して重視しているのは知恵の愛求、すなわち哲学であり、将来いつかそういう行動がでてくるのを徳というとか、もう少しあとになってそうしようという延び延びの態度であってはならないと戒めている。

また、生活を徹底的に簡素にして、享楽を退けている。過度の仕事も、スコレーがなくなるから避けるべきだとする。そうして、生活時間の中で最も大切なのは、知恵の愛求、即ち哲学することだとするのである。これによって、人間としての人格を完成させることを説くわけである。」

論は二人ともちがうが、アリストテレスがスコレーで求めたものは、ギリシャ末期の不安な時代になっても生きつづけた。これこそ古代ギリシャの余暇哲学といえる。

(3)　セネカ

セネカ（BC〇四―AD六五）は、少年時代にローマで弁論術を学び、三〇歳で財務官に就任したが、カリギュラ帝によってコルシカ島に追放された。その後、召喚されて、ネロの家庭教師となった。ネロ帝は、はじめの五年間はセネカの指導で善政を行ったが、のちに犯罪的行動が目立ち悪政になった。

セネカは引退を強いられて、のちに自殺に追いやられたが、数多くの著作を残している。なかでも、『余暇について』（六二年）、『人生の短さについて』（五〇年前後）は有名である。

セネカはストア主義に位置づけられるが、この思想は、人生の最後まで活動を続けることをすすめる。早い引退をすすめるのは、エピクロス学派もストア主義も同じ考えで、両者ともそれぞれ違う道を通っても人を閑暇のある生へ導く点は同じだと指摘する（中野孝次『ローマの哲人セネカの言葉』岩波書店、二〇〇三年、二二頁）。

セネカの余暇論は、キケロほど具体的な実践を説くことはない。共通して、人格を磨くこと、徳を積むことは強調するが、老年になって現職から引退し閑居の生活に入っても、人のためになることを行ったほうがいいと述べている。

セネカの余暇論は、きわめてわかりやすく書かれていて、徳を涵養して善き人間になることを強調する。ここで彼は、真の余暇と真の余暇でない余暇に区分して、余暇について考察する（平木元蔵訳『人生の短さについて』岩波書店、一九八二年、二三―二四頁）。

セネカは、真の余暇がある人は「英知に専念する者のみ」といっている。そして、以下の人が本当に余暇のある人なのかと問うている――銅器類のコレクション、理髪店で長い時間を過ごす、歌を作ったり習ったりすることに熱心な人、輿や駕籠であちこち巡り回っている人、将棋や球技、無益な考証の研究（前掲書、三四頁）。セネカは、これらの余暇は真の余暇ではないといい、真の余暇はやはり、英知、徳を磨くことに求められるという。しかし、多くのローマ市民は、真の余暇を求めるのではなく、興業、娯楽、競技に向いてしまう。子ども時代に市民は余暇教育を受けているのだが、成長して大人になってからも、それが身についている人はとても少なかった。

セネカの余暇論について、中野孝次は解説で「彼が求めるのは、徳（道徳的完成）心を磨くこと、運命のもたらすものに頼らず、悩まず、喜ばず、自分の心の実現したいものだけを楽しむ」（中野前掲書、二四七頁）ことが大事と述べている。『人生の短さについて』を読むと、ほとんどのページに余暇の視点から引用したいすばらしい言葉や考え方が発見される。

(4)　カンパネラ

カンパネラ（一五六八―一六三九）は、イタリアの貧しい農家に生まれ修道士になった。神学とアリストテレスを学んだが、どちらにも満足できなくて、教会を批判した。そのためにドミニカ会の宗教裁判によって投獄されて、二七年間獄中生活を送った。

獄中で哲学、神学の著作を数多く執筆し、なかでも『太陽の都』（一六〇二年）が最も有名である。この著作は、理想国家が描かれている。プラトンの影響で財産は共有制で、利己主義を捨てたときに、公共に対する愛が残る。所有観念をなくすことを強調する（坂本鉄男訳、現代思潮社、一九六七年）。

理想国家は、ナポリの三〇万人ほど大きくない人口五万人で、直径二マイル、周囲七マイルの城壁に囲まれた都市国家で、中心の小高い丘に神殿が建てられ、そこから四本の道路が出ていて、カトリック教徒である三人の長官によって治めている。理想的人間の教育について、次の文を引用する（前掲書、一四―一五頁）。

「教育については、三歳の頃から城壁に書かれたアルファベットを習い、いろいろの知識を身につける。七歳を過ぎると、仕立屋、画家、金細工などの工房につれていって子どもの適性をみて仕事に就かせる。頭脳の優れた者は、その後も数学その他の学問を学ばせるという。教師の役割は適任者の発見に努めることである。

仕事については、男女で分かれており、男の仕事は力を使う仕事、女の仕事は手先を使い骨の折れない仕事に限られる。食事は公共炊事場で作り、共同で食べる。

労働については、一日四時間働けば十分と強調され、残った時間は余暇として過ごすことが語られる。」

国民は、一日四時間の労働で、あとの時間は楽しく遊んだり、議論したり、勉強したりして過ごし、ほとんどの人が一〇〇歳まで長生きする。自分の好きな仕事をして、多くの時間、余暇を楽しむのが理想国家であると説いている。

(5)　ルソー

ヨーロッパでは、一七世紀まで子ども期というものは存在せず、小さな大人といわれた。子どもの存在が共同体で認めて別扱いをするようなったのは、二〇世紀に入ってからのことである。

子どもを特別な存在と見て、しつけを重視したのは、イギリスのジョン・ロックとフランスのルソーである。とくにルソー（一七一二―一七七八）は、『エミール』（一七六二年）を書いて、人間は白紙の状態で生まれてくるので、しつけや特別の教育が必要と訴えた。大人になってからの余暇活動の質を決めるのは、子ども時代に取得したことが大きく関係すると書いた。ここにみられる指導原理は以下の四つである（『エミール』岩波書店、一三九―一五一頁）。

第一の指導原理は、子どもを自由に育てるということである（同書、九七―九八頁）。田園で子どもたちを自由にさせてやろう。幼児は思いのままに歩き回り、走り回るべきである。転んで痛い思いを学ばなければならない。また、子どもに彼のしたがっていることを禁じてはならない。

第二の原理は、「子供をして「子供のうちに」成熟せしめよ」ということである。この具体的方法として、二歳から一二歳までは感覚の教育、一二歳から一六歳までは精神の教育、一六歳から二〇歳までは身体と理性の教育を、二〇歳で初めて道徳教育を施すといいとのべている（一三九頁）。

第三の原理は、心情の形成、精神の形成で、ここでは良き行状、習俗の実践を説いている。そのために、一六歳までは、エミールは一切の書物も読んではいけないし、いかなる授業も受けてはならない（一四九～一五一）。

第四の原理は、知識の獲得よりも常識の形成のほうが、物織りよりも学ぼうとする性向のほうが、大事であるということである。

以上四つの指導原理によって、「自然人」をつくることが重視される。子どもの教育において自然に帰れば、大人になってからも、文化全体について理解し、享受することができると力説している。

2　幸福の追求

余暇思想や実践論で、幸福の追求の系譜に入れたいと思ったのは、アリストテレス、キケロ、アウレーリウス、パスカル、ルソーの五人である。このなかで、余暇を哲学的に考察しているのは、アリストテレスの『ニコマコス倫理学』である。人間の生きる目的は、幸福になることが最高善で、そのために知の発揮、徳の練成、自己教育を重視している。

キケロ、アウレーリウスは政治家であり軍人でもあるので、余暇を理論的に考察するのではなく、経験に基づいた実践論をそれぞれ『老年について』『自省録』で書いている。キケロは、若いときは仕事にかまけて余暇を重視できないが、老年になったら余暇に恵まれるから、余暇を活用して、趣味、学問でも好きなことをすることを詳しく語っている。

アウレーリウスは哲人皇帝といわれ、生涯のほとんどを陣中で過ごした。余暇実践論として、時間を無駄にしないこと、隣人を愛すること、善を求めて幸福になることを説いている。

ルソーは、最晩年の著作『孤独な散歩』で、仕事はなるべく早く止めて、あとの余暇生活を楽しむことを重視する。一六の散歩を通して、閑暇（自分の才能を蓄えること）、趣味（植物観察）、娯楽（散歩）など自己の体験、喜びを語り、幸福な晩年のあり方を述べている。

パスカルだけは、上の四人と論調が異なっている。『パンセ』でくり返し述べている余暇論は、余暇をいかにして退屈から解放されて気晴らし、楽しみに変えるかという議論である。余暇は、人間を幸福にする手段と主張する。

(1)　アリストテレス

アリストテレス（ＢＣ三八四―三二二）は、プラトンより四〇歳若く、プラトンのアカデミアに学び師の影響を受けた。プラトンの死後、マケドニアに移って若き日のアレキサンダー大王の教育係を務めた。アレキサンダー即位後、アテネに戻り、大王からもらった豊かな財産で、自分の学園や大図書館をつくった。

彼の著作は数百編にのぼる。彼の著作の方法は、関係する資料を徹底的に集め整理分類し、厳密に理論的に論証することを特徴とした。彼が重視したカテゴリーは、実体、量（数）、質（性質）、関係、場所、時、位置、所有、能動、受動などである。

彼の『ニコマコス倫理学』は数多い著作のなかで最も有名なものであるが、そのなかで、幸福こそ人間にとって究極の最高善で、余暇（スコレー）についても多く語られる（高田三郎訳、下巻、岩波書店、一七五頁）。

「幸福は閑暇（スコレー）に存すると考えられる。けだしわれわれは、閑暇を待たんがために忙殺（アスコレイン）されるのであり、平和ならんがために戦争を行う。いったい、実践的なもろもろの卓越性（徳）の現実の活動は政治とか軍事の領域において行われるものだと考えられるが、これらの領域についてのわれわれの営みは、そういった非閑暇的な性質を有しているのであって、殊に軍事的なもろもろの営みごときは完全にそうである。」

スコレーを過ごすために、自己の内なる最高の部分に即して生きるようにあらゆる努力をすること、知の発揮、哲学が重視される。スコレーは、最終的に人間の完成にとって不可欠で、遊びや時間つぶしは、なるべく止めて、自己教育を行って、自己発達を最も重視する。

(2)　キケロ

キケロ（BC一〇六—四三）は、騎士身分の父のもとで雄弁家になる修行をし、シチリアの総督代理を経て執政家になったあと、シーザーに追放された。シーザーの暗殺後、政界に復帰し、元老院議員に就任した。

彼の余暇論は、『老年について』（BC四四年）で多く語られている。余暇を有効に使って幸福になることを論じている。特に老年は、余暇に最も恵まれているから余暇を有効に使う必要がある。そのために、気難かしさや不人情に無縁になる徳を身につけることをすすめている。その実効策について、具体的に述べているので、いくつか引用してみることにした（中岡哲郎訳、岩波書店、二〇〇四年、一五〜七六頁）。

・青年を教え諭し、奉仕と訓育のために、肉体は弱っても体力は温存しておく。
・毎日何かを学びつづけながら老いていくことが大事。
・余暇にこれまで続けてきた研究を怠らないようにする。
・老年は体力を要求されることはない、健康に配慮して肉体を鍛錬して疲れが重くならないようにしたい。
・日々の会話を楽しみ、天体観測、歴史の研究、農作業をすすめている。
・毎日多くのことを学びながら老いていくのもよいし、身体を使って楽しむのもすばらしい。
・余暇生活において、哲学もなく、努力もなく、静かな暮らしをするのも悪くはないが、広く浅くまで自分の魂を作るために、精神生活を大切にしたい。
・体力がなくなったら、寝椅子に横になりもはや出来ぬ事柄を頭で考える楽しみが残っている。

(3)　アウレーリウス

アウレーリウス（AD一二一―一八〇）は、ローマに生まれ、のちに皇帝となり、生涯のほとんどを出先で過ごした。彼の著書『自省録』（発行年不明）は、陣中の手記である。この本のなかで彼は、余暇について随所で語っている（神谷美恵子訳、岩波書店、一九五六年、四八頁）。

「隣人はなにをいい、なにをおこない、なにを考えているか覗き見ず、自分自身のなすことのみに注目し、それが正しく、敬虔であるように慮る者は、なんと多くの余暇を獲ることであろう。

［他人の腹黒さに目を注ぐのは善き人にふさわしいことではない。］目標に向かってまっしぐらに走り、わき見するな。」

彼の余暇論をまとめると、「人生は短い。よけいなことをなるべくしないで暇を作ること。作った暇は、あれもこれもしたいと分散させないで単純化して、今を利用すること」となる。

こうした考え方に基づいて、彼の説く、余暇実践論を集約すると、以下のような項目が述べられる。

・自分にとって愉快とみられることを行う（六八頁）
・好きなことに専心する（八二頁）
・公益的な行為の重視
・自分の内なる善なるものを見て、それを掘り下げていけば、絶えずアイデアが湧き出してくる（一一三頁）
・人間の喜びは、人間固有の仕事をなすにある、これは余暇にも当てはめられる（一二八頁）
・行動において杜撰になるな、会話を恐れ混乱するな、人生において余裕を失うな（一三九頁）

彼は哲人皇帝といわれたが、この時代は、地震、ペスト、長期にわたる苦戦、軍人の反乱などがあいついで悩まされた。こうした状況にあって、彼は、「隣人を愛し、自己を学び、善への努力を止めない徳を磨くこと」を説いている。善き人間になることを努力目標としている。

(4)　パスカル

パスカル（一六二三―一六六二）は、生まれながらの病弱で、生涯病気に悩まされ三九歳という若さで死亡した。「パスカルの原理」を発見した科学者であるが、哲学、詩、教育、宗教についても多くの発言をしている。

パスカルが余暇について思索して発言していることを見いだしたのは三木清で、『パンセ』（一六七〇年）のなかから数多く引用している（『パスカルにおける人間の研究』岩波書店、一九六八年）。

パスカルは、余暇について、退屈から解放、気晴らし、楽しみ、気を紛らわすことの四点をあげている（『パンセ』前田陽一・由木康訳、中央公論新社、二〇〇一年、九七～九八頁）。

「倦怠。人間にとって、完全な休息のうちにあり、情念もなく、仕事もなく、気晴らしもなく、集中することもなしでいるほど堪えがたいことはない。すると、自己の虚無、孤独、従属、無力、虚空が感じられてくる。」

余暇思想の系譜からみると、余暇は自己完成、自己実現、徳を磨くことという古代ギリシャからの伝統が太い線で流れていることは、これまで指摘してきた。しかし、彼は、それらの思想とは異なっていて、気晴らし、退屈ということを強く受け止めている珍しい思想家である。

人は、賭けごとに熱中したり、スポーツに夢中になったり、人のうわさ話に興じてわれを忘れようとする。人間の不幸は、人間がひとり静かに部屋にとどまっていられないことに由来すると指摘する。気を紛らわすことが人を幸福にする。彼の幸福論は、幸福になるというのとはちがっているが、あえて、このカテゴリーに入れて論じてみることにした。

(5)　ルソー

ルソーの余暇論は、人間的開花、人間の完成の項で、子どもの余暇教育が大人になってからの余暇活動の水準を決めるという視点で論じたが、大人の余暇論については、『孤独な散歩者の夢想』（今野一雄訳、岩波書店、一九六〇年、以下『夢想』と略す）である。

『夢想』（一七七九年）は、彼が六四歳から書きはじめ、六六歳で死ぬまで書きつづけていた本である。全体は、第一章から一六章までの散歩という題目で、全体を通して娯楽、趣味、閑暇、快楽という言葉が随所に出てきている。この本の書き方は、散歩の途中で頭に浮かんだ観念を断片的につづって、自分の魂と語り合うことを楽しみたいというものである。おもに述べられている項目は、以下のようなことである。

・散歩の効用と植物、特に花の観察（二二頁）
・四〇歳を過ぎたら、勤めを止めて圧迫のない生活と精神の休息に身をゆだねることにした（四〇―四一頁）
・趣味として読書と植物学の研究、特に、若い時の読書に帰ろう
・幸福は「無益」にあると考えるが、彼は、それが出来なくて、一ヶ月のサン・ピエール島の滞在で、パリに戻っている（八一頁）
・植物学の研究に楽しみを見出している
・幸福について、随所で考察している。特に大事なのは、短い時間の満足でなく、永続的な幸福（一四三頁）
・閑暇を時間的楽しみだけに集中させないで、他人に有益になる活動をする。
・幸福への道は、自分の才能を蓄えること（一六四頁）

3　公益社会への貢献

先哲者の余暇論の三番目は、公益社会への貢献という思想にまとめられるこの思想は、西洋の余暇思想として、多くの思想家に大なり小なり登場する。大のほうでなく、小のほうを記述するとなると、ほとんどの思想家を登場させないといけない。それは大変な作業なので、ここでは大きく取り上げていたり、ことのほか重視している思想家として、キケロ、セネカ、トーマス・モア、カンパネラの四人を取り上げてみた。

キケロは、余暇を幸福の追求として重視する一方で、『老年について』を書いて、「次の世代に役立つように木を植える」とか、「農夫は後の世の人のために畑を耕す」といういい方で余暇に恵まれた老人が、社会に貢献することを説いている、老年は、常に学ぶ人として、青年を教え諭し、喜ばれるようでなければならない。そのために、何か新しいことに取り組み、ソクラテスの竪琴、キケロは農業とギリシャ文学を実践し、自分の体力を保持した。

セネカの余暇論は、人間的開花、人間の完成が特別に重視されていることはすでに述べたが、もう一つの考え方として、社会への貢献がある。彼によると、余暇を自分だけの楽しみに費やさないで他人のために役立てることが強調されている。

古代ギリシャ・ローマ時代で、このことをこれほど明確に主張しているのは、セネカが一番である。人間は仕事を通して社会に貢献しているが、多くの人は、余暇において、かえってより多くの貢献できると述べる。

トーマス・モアは、プラトンの影響が強く、『ユートピア』において、私有財産は禁止されて、部族長の下で共同労働、共同生活することを理想とした。仕事の時間は、午前二時間、午後三時間で、余暇生活は共同で営まれることが多く、他人のために貢献することが重視された。

カンパネラは、『太陽の都』を書いて、余暇は人間としての完成につとめることが重視されたが、もう一つの役割として、プラトンの説くように、共同生活のなかで他者への貢献も重視している。『太陽の都』においては、私有財産は認められないで、生活はすべて共同で、労働も一日四時間で共同であった。仕事のあとは、自分の好きな余暇が選ばれたが、賭事は禁じられた。

(1)　キケロ

キケロについては、すでに二つ目の幸福の追求の項目で書いているが、もう一つ公益への貢献についても言及しておきたいとあえて再び登場させることにした。彼の『老年論』の訳者八木誠一は、論理学の位置づけでは、「幸福論」と呼ばれるラッセルの作品と解説している。（訳名『老年の豊かさについて』法蔵館、一九九九年、四項）。

しかし一方では、老年は、「次の世代に役立つようにと木を植える」ことを説いている。「農夫は、誰でも、誰のために植えるのかと尋ねられたら、ためらわずに、後の世に送り渡すために」と答えると書いている（中岡哲郎訳、岩波書店、二九頁）。

青年を教え諭し、義務に関するあらゆる奉仕へと教育するための体力を温存させ、常に何か新しいことを学ぶ必要性も説いている。昔の古いことばかり発言している老人は、誰からも嫌われてしまう。こうした先人として、彼は、ソクラテスが竪琴を習得したことを述べ、自分も老年になってギリシャ文学を学んだといっている（同書、三二一―三三三頁）。

彼は晩年に、ブドウの栽培を趣味としてはじめて、健康にもよいし、好きな自然にも、じっくりと触れられると述べている。老年は、長い生涯のなかでたくさんのことを見て、さまざまな経験をしてきた。これを後世の人たちに語りつぎ、求められたら教えていくこと、これはまさに社会貢献であるが、実践者としても評価される。

(2)　セネカ

セネカの余暇論は、一つの人間的開花、人間の完成の項目で、余暇は人格を磨くこと。徳を積むことが強調されていることを述べた。彼の余暇論でもう一つ訴えられているのが、余暇を人のためになることに費やすことである（中野孝次『ローマの哲人セネカの言葉』岩波書店、二〇〇三年、二二九―二三〇頁）。

「言うまでもなく人間は人のために役立つことを求められている。もし可能ならなるべく多くの人に。それが出来ぬなら少数者に。それも出来ぬなら身近な人々に。それも出来ぬなら自分自身に。なぜなら、人は自分が他人のために役立つ人間であることを示すとき、公共の利益のために行動しているからです。」

ここでは、余暇を自分だけの楽しみに費やさないで、他人のために役立たせること、公共の利益のために行動することが許されている。このことは、古代ギリシャ・ローマ時代においても、これほど明確に他人への貢献を説いているのはセネカだけであろう。ほかの哲学者が大なり小なり余暇を自分だけの楽しみに費やしてはいけないと説いている。しかし、彼ほど明確にくり返し述べる人はいない。

現代風にいえば、個人的余暇に対して、社会的余暇のすすめである。別の言葉で表現すれば、利己的余暇に対して、利他的余暇といってもよいだろう。彼は、「仕事を通して、人間は、国家や社会に貢献しているのであるが、もしかすると、余暇の中でこそ、かえってよりよく尽くすことができるかも知れない」（同書二三二頁）と述べている。

(3)　トーマス・モア

モア（一四七八―一五三五）は、ロンドンに生まれ、弁護士、下院議員になって、ヘンリー八世の寵愛を受けて、下院議員長、大法官に出世したが、国王が英国国教会の長になることに反対したため、斬首された。彼の著作のなかでは、『ユートピア』（一五一六）が最も有名である。

彼の思想はプラトンの影響が強く、私有財政制度を否定して、アリストテレスの私有財産こそ人間活動の基盤とする考え方に反対した。政治についても、プラトンの『国家論』に従って少数の哲人政治を説いた。一方、彼はアリストテレスの知性が劣っていても多数者の判断のほうがまちがいが少なく腐敗の可能性が少ないという考え方に賛成しなかった。

ユートピア島は、周囲五〇〇マイル、農業中心の社会で三〇世帯に一人の部族長がいて、共同労働、共同食事をしている。首都はアスウロート、六〇〇〇世帯が住む。一〇人に一人の長の上に頭領（すべて選挙）がいる。仕事は、農作業が中心だが、ほかに何か一つの仕事を身につける。仕事の時間は午前二時間、午後三時間。余暇は、園芸、庭の手入れ、音楽演奏、テニス、多くの人が学問をする。早朝の多様な学習講座が開催される。子弟の教育は、音楽、論理学、数学、幾何学、哲学、神学。旅行は、部族に願い出て許可を取る。祝日は、毎月の最初の日と最後の日、祝日には、神殿に行って神への賛美を歌う。ユートピアの生活は、以上のように簡素で私利私欲はなく、公共のために生活している。余暇は、なるべく学問や教養のために使うことが説かれている。

（4）　カンパネラ

カンパネラについては、すでに、1　人間的開花、成長的実現の項目で取り上げているが、余暇を社会貢献に使うべきであるという主張がくり返し説かれているので、再びこの項目でも言及してみることにした。

『太陽の都』は、既述のように、高い六つの城壁にかこまれた都市国家で、城壁はすべて壁画が描かれていて、壁画は教材になっている。政治は、神官君主（ソーレ）がいて、全市民の精神的、政治的指導者を務めている。その下三人の補佐官がいて、救力、知識、愛を司っている。ここでは、私有財産は禁じられていて、すべてのものが共有になっている（家、家族、夫や妻、子どもなど）。すでに言及したが、プラトンと同じように、所有観念が利己主義を生み、子どもに財産を残したいとか、公職にいつまでしがみついていたいとか、権力をもちたいとか弊害を生んでいる。

余暇の過ごし方については、かなり詳しく書かれている。一日四時間の労働から解放されると、各々好きことをして過ごすが、本を読む、勉強する、散歩、スポーツ（球戯、レスリング、投げ槍、弓技、創術、こま廻しなどが好まれた。どういうわけか座って行う将棋、さいころ、トランプなどはしなかった（同書、三三一三四頁）。

『太陽の都』では、労働に従事しないことは嫌われて、仕事は好きな事を選ぶこと、仕事を通して国家に貢献することが重視された。ほかの思想家のように、余暇を通して社会に貢献することは、あまり言及されていない、むしろ共同生活がお互いの助け合いとされた。

古代ギリシャから近世にいたる余暇思想を探求してみると、先哲たちが、三つの柱について考察して、思想を残していると総括することができる。ただ、このことがすべての人に当てはまるものではない。ＢＣ四〇〇年代の古代ギリシャから一八世紀の近世にいたる約二〇〇〇年が経済構造として農業社会であって、農作業から解放されていた人々の余暇論であるということである。

二〇〇〇年の長きにわたって、農民が九〇％以上を占め、農業労働から解放されていたのは一〇％にも満たない。先哲の余暇思想は、この一〇％の人たちのためのものであったことを忘れるわけにはいかない。ほとんどの農民は、先哲の余暇思想を聞くことも、読むこともなく生涯を終わった。そうした意味で、二〇〇〇年にわたる余暇思想は、労働から解放されていた一部の特権階級によって教育され受け継がれていた。

一八世紀以降、工業化をともなう産業革命によって、農業をやめて、都市に移住した工場が大量に産まれた。しばらくの間は長時間労働で、余暇はほとんどなかったが、労働者を守るための労働時間短縮が立法化されていった。工業化社会の到来とともに、労働者の余暇時間は増加し、新たな余暇階層が生まれて現代にいたっている。本節が長い農業を基盤にした社会における余暇思想とするならば、工業社会の余暇思想はどうなっていくのか、次に探求しなければならない。

二　西欧にみる工業化社会の余暇思想

西欧の余暇思想のはじまりが古代ギリシャとすると、一八世紀に工業化が急速に発達するまでの二〇〇〇年間は、農業社会の余暇と規定できるだろう。農業社会の余暇思想は、一部の貴族をはじめとする特権階級に支持されて、多くの農民にとっては無縁のものであった。

このことは、工業社会の出現によって農民が都市に集まってきて工業労働に従事し、長時間働くことからやがて生産性の向上のために時間短縮が制度化されて、余暇を多くもつようになった。

本節は、一八世紀以降の工業社会の余暇理論が農業社会の理論とどうちがうのか、その特徴はどういう点にあるのかを追求することを目的としたい。二〇〇〇年にわたる農業社会の余暇思想は、最終的に人間的開花、自己実現、幸福の追求、社会や公益への貢献と四つの目的に集約されるというのが私の結論である。数多くの思想家が余暇を思索して、たくさんの著作にまとめている。その中核を選び出すと、四つの思想に収斂していると考えられた。

一八世紀にスタートする工業化社会においては、余暇思想はどのように変わっていくのであろうか、社会の構成員のほんの一部に支持され享容された余暇思想は、工業社会の生み出した大衆の出現によって、大きく変わるであろう。どこがどのように変わり、何が大衆に支持され、新しい余暇思想としてどのようなものが出てくるのか、特徴はどこにあるか、これらの問題を以下で考察していきたい。

1　労働時間の短縮

ヨーロッパの人口は一八〇〇年に二億人であったが、一九〇〇年には四・二億人に増加した。あいつぐ工業化は、人々を農村から都市に流入させ、イギリスでは一〇人に九人が都市に住むようになってきた。

一九世紀初頭にロンドン九〇万人、パリ六〇万人、ベルリン一七万人であったが、一九〇〇年にはそれぞれ四七〇万人、三六〇万人、二七〇万人と急増した。

余暇についても、貴族に代わって、工業化によって利益を得た工業経営者、貿易業者、国内の商人が新しい有閑階級を形成した。一方、農村から都市へ流入した労働者は、一日一二時間という長時間労働で働いていた。その結果、長時間労働の害が問題化し、一八〇二年世界で初めての時間短縮の労働立法（工業法）がイギリスで制定された。

思想史からみると、一九世紀の思想はロマン主義と合理主義であった。ロマン主義では、バイロン、ショーペンハウエル、ニーチェをあげることができる。一方、合理主義は、ベンサム、ミル、エンゲルス、マルクスがいる。ロマン主義の代表者が余暇にについて発言を発見することはできない。かすかに、ニーチェが『ツアラトウストラ』（一八八五年）で戦士の妻が、戦士の保養のために仕えることを述べている。しかし、それは一つの指摘にすぎなくて、論のかたちにはなっていない。

合理主義の思想は、イギリスの急進主義のベンサム「最大多数の最大幸福」を打ち出して、「善なるものは快楽あるいは幸福、悪なるものは苦痛である」と説いた。彼の思想は、ジェームズ・ミルに引き継がれた。ミルによると、エピクロスと同じように、ほどほどの快楽が最もよいと評価し、なかでも知的快楽が最善といった。

彼の息子J・Sミル（一八〇六―一八七三）は主著『功利主義』（一八六一年）のなかで、快楽は望ましいもので、すべての人が自分自身の幸福を追求すれば欲望がぶつかりあって紛糾する。そこに倫理学が必要になり、労働から解放された余暇をどう過ごすか問われた。旧貴族にとってこの問題は自明のこととして問題にすらならなかったが、労働者にとっては新しい問題であった。

こうした系譜のなかからカール・マルクス（一八一八―一八八三）が登場する。彼は労働者の利益を代表する思想の持ち主であった。歴史の原動力について、ヘーゲルと同じように弁証法的定式をとった。彼の思想は、唯物史観といわれた。

彼は、余暇について数多くのことを考えて理論化している。肉体労働者は、重労働をしているので、余暇は身体を休めることが最も重視される。しかし、重労働から解放されている人は、社会的に必要な判断業務や調整をすることが望まれる。

これは、まさに社会的余暇（利他的余暇）と呼べるものであり、アリストテレスの余暇観に近いといえる。ただ、このことは多くの人に望めることではない。社会の構成員の少数の人に限られるとも述べている。彼の主たる関心は、この点にあったのではなくて、貧しい人の救済、労働者の労働条件の改善にあった。

ロバート・オーエン（一七七一―一八五八）は、一八二五年米国インディアナ州に三〇〇〇エーカーの土地を入手して、九〇〇人を移住させ理想の村を開いた。しかし、農民や職人など労働に従事する人が不足して四年で崩壊した。ロマン主義の思想家に共通しているのは理想論である。ベンサムやミルは、個人の幸福を追求することを重視した。しかし、マルクス、オーエンは個人の余暇の充実よりも、社会のため、集団のために貢献することが重視されていた。

2　大衆の出現

二〇世紀の大きな特徴は、戦争の世紀であったことと工業化、産業化の急速な進展である。一九一四年、第一次世界大戦が始まった。戦争は、国力のすべてをかけた総力戦で、四年の戦いでドイツが敗れた。工業化、産業化によって人間の手による労働が機械による労働に移った。

エーリッヒ・フロム（一九〇六―一九八〇）は、『自由からの逃走』（一九四一年）を書いた。この作品は、フロイトとマルクスの理論を借りて、「社会的性格」という概念を導き出した。彼は、二〇世紀の人間類型として、「市場的構造」（自分を労働市場で売れるようにしていく志向）を重視した。

余暇についても、かなりまとまった理論化を行っている。新しい技術の導入によって、大量生産が可能となり、能率化したことによって、労働時間が短縮された。これによって、本来人間は幸福にならなければならない。しかし、彼は、そのことによる危険について指摘する（前掲　三九六―三九七頁）。

「幸福は、より新しいすぐれた商品を消費すること、音楽、映画、冗談性、酒および煙草に耽溺することと同義になってしまった。大衆との同調があたえる以外に自的意識がないので、人間は不安定になり、不安になりひとの承認にたよるようになる。人間は疎外され、みずからの手になる生産物や自分のつくった指導者を自分がつくったのではなくて、自分よりも上にあるもののように崇拝している」

ここでの危険について、「市場的構造」で労働に従事している間に自分を知ってしまって、なんのために生きているのかがわからなくなってしまった人が増加していると強調する。一方、彼は、大集団のなかで軋轢をおこさずに社会機構のなかで調和する人間を大衆として扱っている。従順な労働者になることとの期待であろう。

大衆の出現を最も早く指摘したのは、スペインのオルテガ（一八八三―一九五五）である。『大衆の反逆』（一九三〇年、神吉敬三訳、筑摩書房、一九九五年）の冒頭で、二〇世紀前半の最大の事実としてあげている。彼は、二〇世紀の人間像を次の二つに分類する。前者は、自らに多くを求め、進んで困難と義務を負わんとする人。後者は、自分に対してなんらの特別な要求をもたない人であり、自己完成への努力もしない。要約すると、自分の人生に最大の要求を課すか最小の要求しか課さないかの二種類である。

余暇についての記述は一カ所出てくる（三〇頁）。それは、余暇はかつての時代には一部の貴族のものであったが、近年は大衆が手に入れた。この面で大衆は、貴族になっている。大衆は余暇として、映画、写真、新聞、書物、スポーツなどのあらゆる快楽を手に入れた。一方では、社会の維持発展のために連帯責任を感じなくなってきている。これは、モラルの低下を意味している。無責任な大衆という特徴を描いている。

大衆の勃興について、オルテガはその望ましい方向性やビジョンを語っていない。しかし、カール・マンハイム（一八九三―一九四七）は、無定形で非合理的行為に走る大衆を考察している（福武直訳

『変革期における人間と社会』みすず書房、一九六二年、一九頁)。

単なる分析に終わらせないで、大衆を社会の計画化と教育の再生によって治療することを説いている。その解決策は、成人教育を大衆に与えること、新しい社会の変化に適応していくのを助けること。二つは、余暇を健全なる趣味や職業的研究に向かうように指導すること、自己教育にまで発展させることである。彼は、ロンドン大学に迎えられ、教育学部を創設した。しかし、五四歳という若さで亡くなってしまった。もし、少しでも長生きしていれば、生涯教育論の提唱という解決策を提示したことが十分に考えられる。

3　新しい有閑階級が登場

一九世紀最後の年である一八九九年に、ヴェブレン(一八五七―一九二九)は、余暇という言葉を冠した著作を発表した。彼は貧しいノルウェー移民の子として、ウイスコンシン州の西部開拓村に生まれた。エール大学で「カント研究」で博士号をとってシカゴ大学に移り、三五歳のときに『有閑階級の理論』(一八九九年)を出版した。

彼の学問的背景は、哲学、心理学、宗教学、社会学、文化人類学、歴史学、経済学など幅広くかつ特異な概念を駆使し、各種の文化現象の分析と説明に当たった。しかし、その叙述は、いちじるしく難解かつ晦渋であった。

そのため、発表時には評価されることなく注目も浴びなかった。ただ、余暇(Leisure)というものを真正面から注目し、有閑階級という概念を世の中に広めたことはのちに評価された。彼によると有閑階級とは、以下のように定義されている。「生産的職業にたずさわる勤労階級の対立物として非生産的階級である。従事する仕事は統治、戦争、宗教的職務、スポーツの四種である」（前掲、高哲男訳、筑摩書房、四四頁）。

ここに学問とか教育が入っていないが、四つのなかに各々の分野が入り込んでいると解釈したほうがよいのだろう。有閑階級は、彼の説明によると、たくさんの私物財産を所有しているだけではダメで、所有する財産を客観的に証明すること、たとえば、人目を引く消費、贅沢な衣装、建物、庭園、社交、食物などが大事である。財が有り余っていることを誇示する手段も重視される（七九―八〇頁）。

一つは、礼儀作法、スポーツ、遊び、慈善、二つは、高価な品を消費しているという事実の誇示、労働に従事していないということを誰にでもわかるようにしなければならない。

特に衣装は、高価な品を消費しているという事実の誇示が重視される。このほかに、スポーツとギャンブルも過去の略奪文化の影響で、この階級では、一定の分野となっていた。学問と教養について、この階級はどう考えていたかを分析している（三九六頁）。

教育と学問は、最終章「第一四章　金銭的な文化の表現としての高等教育」で考察されている。彼の説明は、教育や文化への金銭的出費という視点から述べられる。有閑階級は、大衆とちがってこの分野に対して支出が並はずれて大きい。これは、外側から見える支出である。一方、教養、伝統的文化、特性など目に見えないものもある。それらに対しては、「消費された時間と努力、消費を可能にするための不可欠な金銭的資力が証拠として誇示される」と述べている（三九六頁）。

最後に彼が特記していることは、農村社会から都市的な消費的社会への変動についてである。この変化はどのようなプロセスをたどるのか、このことを解明することに当てられたが、明確な結果は得られないように思われる。

いずれにしても、彼の結論は、社会が農業から工業に変わっても、工業社会のなかで勤労に従事せずに、限りなく財貨を消費する一群の人々が存在する。社会は、かつての一部の貴族が支配するものから大衆という多数者がその存在を立証する時代に変わってきた。

しかし、彼によると、大衆がこれまで言及したような「有閑階級の生活図式を人生の理想としている限り、有閑階級は、いつの時代になっても残っていく」(四四二頁)。

4　二〇世紀後半のアメリカの余暇論

二〇世紀後半になって、余暇論はアメリカにおいて急速に活発化した。その理由は、第二次世界大戦後、諸技術の発展によって生産性が向上し、経済が空前の繁栄をしたためである。大衆が余暇を手に入れて大規模に使えるようになった。

ここで登場する余暇論は、一九五八年のマイヤースソンとララピーを編著とする『マス・レジャー論』(日高六郎監修、紀伊国屋書店、一九六一年)である。原著は四一本の論文で編成されているが、翻訳書は一一本の論文の収録である。余暇に関する総論的論文は、アメリカ人のものは、M・ミード、K・グリーンバーグ、D・リースマンの三人である。それ以外は、モラル、隠遁、ホビー、酒、セックス、スポーツ、音楽など各論が多い。

ここでは、ミード、グリーンバーグ、リースマンら三人の余暇論の特徴を描いてみることにしたい。

著名な文化人類学者であるミードは、労働者、青少年、学校に通う子どもの余暇を分析して、家庭の役割が大切で、元気回復、レクの場、男も家事労働、育児、安息などがあり、休養と安息の場などであってはいけないと論じている（二一九頁）。

グリーンバーグは余暇の質は労働の質によって決定されると説いて、上層の人々は、子ども時代に余暇の使い方を習ったり、教育や訓練を受けている。しかし、下層の人は、余暇をたくさん所有していても、活用のための方法をもっていない。また、労働が過酷なために、仕事の疲労の回復で余暇は終わってしまう。これが問題だと指摘する。それではどうしたらよいのかという解決策について彼は、何も答えていない（二三〇頁）。

この時期の余暇論の金字塔はやはりリースマンの『何のための豊かさ』（加藤秀俊訳、みすず書房、一九六八年）になるだろう。この本は前述の『マス・レジャー論』に収録された「産業社会の余暇と仕事」などをテキストにしてつくられた著作である。

ここで論じられている最も重要なことは、余暇と労働の二極分化のことであり、これに、大衆と非大衆としての知的エリートの分化をからめて論じていることである。適度な産業化は生産性の向上をもたらして、人間を労働と軽減させ労働時間短縮を可能にして、余暇をもたらした。

大衆は、ますます多くの余暇を入手し、レジャーと消費に明け暮れる。

しかし、仕事を企画したり、マネジメントに従事する一部の人たちは、ますます忙しくなり、働く時間が増えて余暇が減っていく。暇をもて余す多数の人々と多忙な少数の人々に分化しつつある。

これは、一九三二年に刊行されたオルダス・ハクスレーの『すばらしい新世界』の内容と同じである。大衆は多くの余暇時間を手に入れるが、仕事で生きがいや働きがいを得るには困難になる。この傾向は、工場労働者だけでなく、ホワイトカラーを含めたすべての勤労者に当てはめることである。

一方、大衆余暇時代にあって、例外的な人がいて、かつての有閑階級のように、余暇を十分に使いこなしていくと述べる（一〇七頁）。

「現代において、伝統的な考え方によるレジャー・クラスにもっとも近いものは、自分の仕事を遊びと見、遊びを仕事と見る、芸術家や知識層である。そのような人びとにとっては、そして後で述べるような、より多くの専門家にとっては、仕事はしばしば、かならずしもその苦しさやきびしさ、あるいはその不安定さによって仕事以外の生活と切り離されることなしに、画家は常に物を見つづけているわけであろうし、詩人や小説家は常に事物に直面しているのである。」

この人たちにとって、余暇問題というのは発生しない。余暇が深刻な問題をつきつけてしまうのは、大衆である。彼は、この点について、多くの社会学者のように問題の解決策を先送りしないで、きっちりと回答を書いている（同書　八一頁）。

一つは、レジャーの使い方についての計画を立てること、二つは余暇の使い方について取得するための時間と金をかけることである。

余暇は、個人の問題だけで解決できるものではないので、社会全体で解決策を考えていかなければならない。教育組織、職場や地方自治体の役割も重要になってくる。余暇の望ましい哲学を考え、制度づくりをしっかりと行わないと、仕事で生きがいを得られない多くの人々がレジャーに逃避、社会は秩序と安定を失う。

彼の余暇論は、人間の生活のなかから余暇だけを取り出してきて、現状分析し、望ましい方向性を考える論でない、労働と余暇を常に対比して、望ましい方向について考えている。

5　二〇世紀後半のヨーロッパの余暇論

ヨーロッパにみる二〇世紀後半の余暇研究は、アメリカの影響で一九五〇年代、六〇年代に本格化した。フランスでは一九五九年に『エスプリ』誌が余暇特集を行った。イギリスでは、サルフォード大学がレジャー研究センターを創設して多くの研究発表がなされた。

一九六八年には、ユネスコがプラハに「余暇と教育に関するヨーロッパセンター（ＥＣＬＥ）」を設立して、フランスのデュマズディエをはじめとする有力な余暇研究者を招いて研究を開始した。年四回『社会と余暇』という英文の研究誌を刊行した。内容は特集主義で、「工業社会における労働時間と余暇」（vol.７No.１、一九七五年）、「自由時間と自己実現」などがみられる。

一九七三年、ユネスコは、国際社会学会「余暇と文化調査委員会」の協力を得て、バン・クレ財団（ベルギー）の主催による「国際余暇憲章会議」を支援した。テーマは、「工業社会におけるレジャー」であった。この会議は、その後三回ほど開催されたが、プラハのレジャーセンターと同じように一九七六年の終わりに幕を閉じた。

ヨーロッパの余暇研究は、フランスが最も活発で、一九八五年フランス政府は、同国を代表する学者、財界人一〇人によって、二〇年後のフランス社会の理想の姿を描くべく、『一九八五年―変わる人間、変わる社会』と題した報告書を発行した。

このなかでレジャーは、主要なテーマとして取り上げられ、デュマズディエが委員として参加した。ここでの主要な提案について引用してしてみることにしたい。

・労働時間が短縮されて自由時間が量的に拡大するか、それだけでは、生活は楽しくならない。レジャーを受け止める知恵と感性を持つことが大切である。(三八頁)

・高齢者と女性の余暇が問題になる。高齢期を精神的に豊かに生きる知恵を持つことが必要になる。それが出来ないと老化が早まる。中年女性の場合、余暇時間の増加によって、労働と家庭生活の両立が可能になる。自分の好む教育手段を持つことが強調される。(五三頁)

・教育の役割を再認識して、生産者になるための教育だけでなく、消費者としても教育される必要がある。また、市民として、自分が住む町、自分が住む国の生活と発展に果たすべき役割を担う教育の重要性を説いている。(六四頁)

・成人教育が重視されて、教育手段として、講義、ゼミ、視聴覚教育、機械の導入が提案される。教育の場としては、従来の学校に加えて、企業(従業員教育)、社会教育施設(図書館、博物館、公園、運動場、文化会館、集会場)などが加えられている。(一四〇―一四一頁)

・人材の教育について、フランスでは体育指導員は六〇〇〇人いるが、文化活動指導者は二〇〇〇人しかいない。一九八五年には、五万人が必要になるから、養成計画を立てて育成しなければならない。これは非営利団体だけでは出来ないので、レジャー産業が加わることが望ましいと指摘される。(一四六―一四七頁)

一九八五年委員会の、レジャー部会では、以上の項目が重視されているが、このほかにも、いかにもフランス人らしく、「美の問題」を随所において議論している。市場経済において、生産物をいかにして美しいものにして付加価値を増すとか、公共建築物に美を加えることによって、国内は当然として、国外の観光客も呼べるという議論もしている（二二五頁）。

6　フランスにみる余暇論の特徴

フランスの余暇研究は、一九七〇年代にデュマズディエによって集大成された。彼は、前述の一九八五年グループのレジャー部門の責任者として、政府の諸官庁のスタッフとともに未来予測を行うとともに、プラハでの研究、国立科学調査研究センター、パリ大学と数多くの組織とかかわるなかで研究成果を出した。その主要なものは、『余暇文明に向かって』（一九六二年）、『レジャー社会学』（一九七四年）にまとめられた。彼は、余暇問題の重要性について、前著で次のように述べている（四―五頁）。

「余暇は数百万、数千万に及ぶ労働者の日常生活において中心的要素となり、すでに労働・家族・政治に関するあらゆる大問題と深く微妙な形で結びつくに至ったために、それらの問題をも新たにとらえ直さなければならなくなった。二〇世紀も後半にはいった今日、そうした基本問題についての理論構築は余暇との関連を抜きにしては考えられない。ヴァレリーは余暇不用説に疑問を投げかけたが、今後、われわれは、その有用性に真正面から取り組まねばならない。」

この文章は余暇の重要性について、短いながら十分に語られていると思われる。デュマズディエはこの文にいたるまでに、G・フリードマン、ララピー、D・リースマン、カプランなどの研究を丹念に調べて理論構築している。彼の視点はあくまでも理論化が目的でなく、個人として実戦のためで、社会としては個人の実践を可能にする支援策の提案が重視されているのである。

彼が強調した余暇研究の方法論は、現状の観察と調査を主体とする「記述モデル」、個々の具体的な事実を基にして一般的な法則を導き出す帰納法としての「実験モデル」が得られる。ここで得られた結論を現実に当てはめて、現実を望ましい方向に変えていく「実践モデル」にもっていく。現代社会は、労働よりも余暇が重視される社会であるから、社会としては、余暇を支援する体制づくりが重要になる。各国とも十分な体制が整っているところはない。

『余暇文明に向かって』では、人々の余暇活動として文化活動が調査を通して詳しく記述されている。彼としては、かつての有閑階級に代わって大衆が文化を創造することを重視したかったのだろうと思う。しかし、実際にそうなることは難しく、大衆は貴重な時間と能力を浪費してしまっていることを指摘している。余暇が国民全体の文化水準の向上に貢献していないと強調する（二六六頁）。

彼の関心は、次の著作である『レジャー社会学』に向かい、文化開発の制度的支援と生涯教育の方法論を明らかにすることをめざすのである。前著から一二年後に『レジャー社会学』（一九七四年）は発刊された。

この著作で彼は、K・マルクス以後のレジャー論を簡潔にレヴューして、自由時間を人間の開花、発展の場としてとらえ、労働の人間化を説いている（一九頁）。

ここで改めてレジャーを定義して、以下の四つの説を主張する（一二九―一三〇頁）。

第一の定義　レジャーとは一つの行動カテゴリーではなく、一つの行動様式である。そこで、どんな行動の中にも見出すことが出来る（例えば音楽を聴きながら仕事をする。遊びながら勉強する。）
第二の定義　レジャーを職業労働との関連で規定する。職業労働の対極にレジャーがある。
第三の定義　家庭内での業務的活動をレジャーから除くことである。
第四の定義　究極の目的として自己実現を志向する時間である。
　これらの定義とは別に、レジャーの特徴を次のように述べる（一三八―一四四頁）。
①解放性　レジャーとは、自由な選択の結果生じるものである。
②非利害性　職業労働や家庭内の義務的活動のように実利性を目的としない。
③楽しみ志向性　自分の充足それ自体を目的として追求される。
④個性性　個人が自我の統一性を防御する行動に結びつく。又、全人格的な人間をもつ利害関係に動かされない潜在的能力を実現させることに結びつく。
　本書で彼は「労働とレジャー」についても考察している。両者の関係は、「労働がレジャーを規定する」という仮説からスタートし、労働者が文化活動の参加率が低いこと、質を高めるために、生涯教育が必要と提案している（三一四―三一七頁）。

　彼は、一九六二年刊行の『余暇文明に向かって』の仮説を進化させ、修正もつくっている。しかし、前著で強調した「余暇を人間の開花、発展の場」にしなければならないという考え方は一二年後においても一貫している。

三　二〇〇〇年以降の余暇関連文献・目録

余暇と生涯学習に関する文献の収集を行うことを通して、目録の作成を長いこと行ってきた。その結果として、余暇については、一九五〇年から二〇〇二年までで三六二冊の目録を拙著『現代余暇論の構築』（学文社、二〇〇二年）に掲載した。また、生涯学習については、一九七〇年から二〇〇〇年まで二八二冊の目録を作成し、巻末に添付した（拙著『日本型生涯学習の特徴と振興策』学文社、二〇〇一年）。

本節では、二一世紀に入ってからの文献を改めてリスト化してみることにした。私にとっては、三番目のテーマとして、高齢者のウエル・ビーイング（生きがいの問題）も長年追求しているので、この分野の文献目録も添付することにした。まず、二〇〇〇年以前の文献目録については、前述の拙著を参照してもらうと、三分野ともより詳しい目録を付けていることもいっておきたい。

余暇関連文献の発行点数についてみると、一九六〇年代後半から七〇年代前半の高度経済成長時代よりも、オイルショック後の七〇年代後半に書籍が年間で一〇冊以上発行されている。しかし、その後八〇年代に入ると、低成長経済を反映して一ケタ台の点数に落ちている。

八〇年代後半のバブル期になると、年間一〇冊前後と点数は増加し、九〇年代にバブル崩壊しても、発行点数は二ケタを維持している。しかし、表4-1にみるように二〇〇〇年以後の余暇のキーワードを冠した書籍は激減し、五冊以下になっている。これはどう解釈したらよいのであろうか。

つまり、需要が減少したことや、発行しても売れないから版元が発行しないということなのであろう。いずれにしても、点数は二点、三点という数になっている。書名に余暇というキーワードは入っていないがテーマとして観光、レクリエーション、スポーツ、ボランティアなどを使っている書籍は、二〇〇〇年からの一〇年間をみても、例年二〇数冊で一定している。年による変化はたいしたことがなく、ほぼ一定しているといってもよいであろう。カッコ内の数字は、観光という書名の本を除いた数字である。近年、観光をテーマとした書籍の発行は、観光庁の発足にもみられるように、政府の後押しもあって数が伸びている。

二〇〇〇年

① A・ゴルバン、渡辺響子訳『レジャーの誕生』藤原書店

② 瀬沼克彰『二一世紀余暇の創造――利他的

表4-1　三分野の文献数

	余　暇		生涯学習		高齢者
	全　体	キーワード	全　体	キーワード	
2000年	27（14）	3	21	11	13
2001	25（13）	2	29	21	24
2002	22（12）	5	20	12	20
2003	29（12）	3	26	15	14
2004	22（12）	3	26	17	15
2005	17（11）	3	18	6	15
2006	27（14）	2	18	10	25
2007	24（10）	2	20	8	23
2008	25	5	19	9	23
2009	32	1	21	8	30
2010	13	1	28	13	21

活動の増大』遊戯社
③　奥井礼喜『元気の思想――仕事・余暇・暮らし』ＮＴＴ出版

二〇〇一年
①　杉森雄二郎『余暇活動の重要性』中高年齢者雇用福祉協会
②　瀬沼克彰『余暇プロジェクト――関連事業の活動領域と発展戦略』日本地域社会研究所

二〇〇二年
①　日本余暇学会監修『余暇の新世紀――ポストモダンのライフスタイル』遊戯社
②　山田紘祥『デフレ不況下のレジャー産業』同友館
③　生活情報センター編『余暇・レジャー総合統計年報』生活情報センター
④　瀬沼克彰『現代余暇論の構築』学文社
⑤　日本福祉文化学会監修『余暇と遊びの福祉文化』明石書店

二〇〇三年
①　日本余暇学会監修、瀬沼克彰・薗田碩哉編『余暇事業論――多様化する余暇事業の未来予測』くんぷる
②　瀬沼克彰『余暇事業の戦後史――昭和二〇年から平成一五年まで』学文社
③　瀬沼克彰『余暇の有効活用のすすめ』勤労者福祉施設協会

二〇〇四年
①　瀬沼克彰・薗田碩哉編『余暇学を学ぶ人のために』世界思想社

②　日本余暇学会編『我が国における余暇問題研究の現状』日本余暇学会
③　R・マンネル、D・クリーパー、速水敏彦訳『レジャーの社会心理学』世界思想社

二〇〇五年
①　和田秀樹『余暇力』インフルス
②　瀬沼克彰『余暇の動向と可能性』学文社
③　瀬沼克彰『長寿社会の余暇開発』世界思想社

二〇〇六年
①　瀬沼克彰『団塊世代の余暇革新』日本地域社会研究所
②　瀬沼克彰『高齢余暇が地域を創る』学文社

二〇〇七年
①　瀬沼克彰編『超団塊世代の余暇哲学と実践――日本余暇学会一〇周年記念論文から――』日本地域社会研究所
②　瀬沼克彰『進化する余暇事業の方向』学文社

二〇〇八年
①　薗田碩哉『余暇の論理』叢文社
②　山口有次『観光、レジャー施設の集客戦略』日本地域社会研究所
③　下島康史『レジャー市場におけるエリアマーケティング研究』くんぷる
④　瀬沼克彰『西洋余暇思想史』世界思想社

⑤　瀬沼克彰『シニア余暇事業の展開』学文社

二〇〇九年

①　神田孝治編『レジャーの空間――諸相とアプローチ』ナカニシヤ出版

二〇一〇年

①　A・コルパン、渡辺響子訳『レジャーの誕生』（新版）上・下巻

四　二〇〇〇年以降の生涯学習関連文献・目録

生涯学習に関する書籍の発行が年間一〇冊以上という二ケタになるのは一九八七年で、臨時教育審議会の答申が出て、教育政策のなかで生涯学習が最も有力な方策にするという答申以後である。一九八八年以降は旧文部省に生涯学習局が新設され、二ケタの数が発行される。

一九九〇年には生涯学習振興法が制定され、生涯学習はバブル経済による税収増もともなって、きわめて活発化する。バブルは一九九一年に崩壊といわれているが、実経済の好況はつづいた。そのこともあって、行政の施策は失速しないで活発であった。関連書籍の出版は、この時期（一九九二年まで）に年間二〇冊を越えている。

しかし、バブル崩壊後のデフレ経済の浸透によって、財源となる税収が落ちてきて、一九九三年以降は年二〇冊のペースから落ちて一〇冊台になる。

こうした書籍の発行点数で二〇〇〇年を迎える。リストをみると、全体としては二〇冊を越えてい

る年がいくつかみられる。だが、生涯学習というキーワードの入った本は、二〇冊を越えているのは二〇〇一年の一回だけである。二〇〇一年以外は、二〇冊以下という数である。

二〇〇五年になると、キーワードの入った本は六冊という数字に減少している。この一ケタという数は、国主導の生涯学習が開始される一九八七年に逆戻りする数字と読みとれる。生涯学習は、単行本の発行から判断すると一九八七年から活発化し、二〇〇四年まで二ケタの数を確保し、二〇〇五年から一ケタの発行という状況になるのである。

二〇〇〇年

①　白石裕『分権・生涯学習時代の教育財政』京都大学学術出版会
②　佐々木正治編『二一世紀の生涯学習』福村出版
③　西岡正子『生涯学習の創造――アンドラゴジーの視点から』ナカニシヤ出版
④　笹井宏益・山本慶裕編『メディアと生涯学習』玉川大学出版部
⑤　黒沢惟昭・佐久間多正編『苦悩する先進国の生涯学習』社会評論社
⑥　廣瀬隆人・沢田実他『生涯学習支援のための参加型学習のすすめ方』ぎょうせい
⑦　浦野東洋一他編『生涯学習・学校・地域』八千代出版
⑧　仲原晶子『人間探訪の旅――生涯学習の十年』関西学院大学出版会
⑨　林義樹他『生涯学習支援のためのワークショップ』ぎょうせい
⑩　渡辺博史『コミュニティ形成と生涯学習』学文社

⑪　藤波彰『わたしの生涯楽習』教育新聞社

二〇〇一年

①　白石克己編『生涯学習を拓く』「生涯学習の新しいステージを拓く」（全六巻）ぎょうせい
②　佐藤晴雄・田中雅文編『学校と地域で作る学びの未来』前掲シリーズ
③　佐藤晴雄・廣瀬隆人編『クリエイティブな学習空間を作る』前掲シリーズ
④　金藤ふゆ子・廣瀬隆人編『学習プログラムの革新』前掲シリーズ
⑤　田中雅文・廣瀬隆人編『民が広げる学習世界』前掲シリーズ
⑥　金藤ふゆ子・広瀬敏夫編『ＩＴで広がる学びの世界』前掲シリーズ
⑦　鈴木敏正『生涯学習の構造論』北樹出版
⑧　山本恒夫『二一世紀生涯学習への招待』協同出版
⑨　宮崎冴子『二一世紀の生涯学習――生涯発達と自立』理工図書
⑩　讃岐幸治・住岡英樹編『生涯学習社会』ミネルヴァ書房
⑪　総合研究開発機構編『社会を変える教育、未来を作る教育―二一世紀の教育と生涯学習まちづくり』清文社
⑫　平田忠『地域創造と生涯学習計画化』北樹出版
⑬　国生寿『地域社会教育と生涯学習』渓水社
⑭　Ｐ・ピヤービスム、黒沢惟昭・永井健夫訳『国家・市民社会と成人教育――生涯学習の政治学に向けて』明石書店

⑮　B・フェテリーギ編、佐藤一子・三輪建二訳『国際生涯学習キーワード事典』東洋館出版社
⑯　福留強『いまこそ市民改革を――生涯学習時代の行き方』文芸社
⑰　今西平蔵『二一世紀の宝・生涯学習』澪凛
⑱　瀬沼克彰『日本型生涯学習の特徴と振興策』学文社
⑲　建部久美子編『知的障害者と生涯学習の保障――オープンカレッジの成立と展開』明石書店
⑳　時岡禎一郎編『おおさか発文化・生涯学習情報』学文社
㉑　山本思外里『大人達の学校――生涯学習を愉しむ』中央公論新社

二〇〇二年

①　大槻宏樹編『二一世紀の生涯学習関係職員の展望―養成・仮採用・研修の総合的研究』多賀出版
②　新海英行・牧野篤編『現代世界の生涯学習』大学教育出版
③　宮坂広作『生涯学習の創造』明石書店
④　香川正弘・三浦嘉弘編『生涯学習の展開』ミネルヴァ書房
⑤　浅井経子編『生涯学習概論』理想社
⑥　三輪建二『ドイツの生涯学習』東海大学出版会
⑦　渡辺洋子『生涯学習時代の成人教育学』明石書店
⑧　岩崎久美子編『私らしい生き方を求めて――女性と生涯学習』玉川大学出版部
⑨　黒沢惟昭『増補　市民社会と生涯学習』明石書店

⑩ 高岡佳世『資料にみる転換期の生涯学習』北大路書房
⑪ 瀬沼克彰『新しい形の生涯学習』大明堂
⑫ 関口礼子・小池源吾・西岡正子編『新しい時代の生涯学習』有斐閣

二〇〇三年

① 松岡廣路共編『生涯学習と社会教育』鈴木眞理編集代表「生涯学習社会における社会教育」（全七巻）学文社
② 佐々木英和共編『社会教育と学校』前掲シリーズ
③ 小川誠子共編『生涯学習をとりまく社会環境』前掲シリーズ
④ 永井健夫共編『生涯学習社会の学習論』前掲シリーズ
⑤ 津田英二共編『生涯学習の支援論』前掲シリーズ
⑥ 守井典子共編『生涯学習の計画施設論』前掲シリーズ
⑦ 梨本雄太郎共編『生涯学習の原理的諸問題』前掲シリーズ
⑧ 田代直人編『生涯学習時代の教育と法規』ミネルヴァ書房
⑨ 井上豊久・小川哲哉編『現代社会からみる生涯学習の論点』ぎょうせい
⑩ 上野景三・恒吉紀寿編『岐路に立つ大都市生涯学習―都市公民館発祥の地から』北樹出版
⑪ 田中雅文『現代生涯学習の展開』学文社
⑫ 佐藤一子編『生涯学習がつくる公共空間』柏書房
⑬ 瀬沼克彰『地域を活かす生涯学習―行政主導から住民主導へ―』ミネルヴァ書房

⑭ 日本生涯教育学会編『生涯学習と公共性』年報二四号
⑮ 日本生涯教育学会北海道支部編『流動化社会と生涯学習』二〇周年記念論文集編集委員会

二〇〇四年

① 末本誠・松田武雄編『生涯学習と地域社会教育』春風社
② 小宮山博仁・立田慶裕編『人生を変える生涯学習の力』新評論
③ 鈴木敏正『生涯学習の教育学』北樹出版
④ 佐藤一子編『ＮＰＯと教育力―生涯学習と市民公共性』東京大学出版会
⑤ 国立教育政策研究所編『メディアリテラシーへの招待』東洋館出版社
⑥ ジョン・フィールド、赤尾勝巳・矢野裕俊他訳『生涯学習と新しい教育体制』学文社
⑦ 赤尾勝巳編『生涯学習理論を学ぶ人のために』世界思想社
⑧ 笹川孝一編『生涯学習社会とキャリアデザイン』法政大学出版局
⑨ 宮坂広作『生涯学習の遺産―近代日本社会教育史論』明石書店
⑩ 倉内史郎・鈴木眞理編『生涯学習の基礎』学文社
⑪ 鈴木眞理『ボランティア活動と集団―生涯学習・社会教育論的探求』学文社
⑫ 辻浩『住民参加型福祉と生涯学習』ミネルヴァ書房
⑬ 瀬沼克彰『市民の生涯学習を深める』教育開発研究所
⑭ 瀬沼克彰『生涯学習時代の到来』日本地域社会研究所
⑮ 清見潟大学塾編『新静岡発　生涯学習二〇年』学文社

⑯ 日本生涯教育学会編『新しい時代の生涯学習支援論』年報二五号
⑰ 鈴木敏正『生涯学習の教育学』北樹出版

二〇〇五年

① 益川浩一『生涯学習・社会教育の理念と施策』大学教育出版
② 佐野豪『活力生活を育む生涯学習』不昧堂出版
③ 関口礼子編『情報化社会の生涯学習』学文社
④ 黒沢惟昭『人間疎外と市民社会へのへゲモニー—生涯学習理論の研究』大月書店
⑤ 牧野篤『社会の再構築と生涯学習』大学教育出版
⑥ 日本生涯教育学会『変革期における生涯学習推進』年報二六号

二〇〇六年

① 鈴木眞理『学ばないこと、学ぶこと—とまれ生涯学習のススメ』学文社
② 佐藤一子『現代社会教育学—生涯学習社会への道程』東洋館出版社
③ 大串鬼起夫『今、教育を考える—生涯学習時代の教育課程』学文社
④ 新田照夫『生涯学習と評価—住民自治の生体形成をめざして』大学教育出版
⑤ 長澤成次『現代生涯学習と社会教育の自由』学文社
⑥ 三浦清一郎編『市民の参画と地域活力の創造—生涯学習立国論』学文社
⑦ 赤尾勝己編『生涯学習社会の諸相』至文堂
⑧ 瀬沼克彰『住民主導の生涯学習地域づくり』世界思想社

⑨　松岡廣路『生涯学習論の探求―交流、解散、ネットワーク』学文社
⑩　伊藤俊夫編『生涯学習概論』文憲堂

二〇〇七年

①　佐藤晴雄『生涯学習概論』学陽書房
②　榛村純一『生涯学習まちづくりは村落都市格へ』清文社
③　呉民『現代中国の生涯教育』明石書店
④　相庭和彦『現代生涯学習と社会教育史』明石書店
⑤　矢野泉編『多文化共生と生涯学習』明石書店
⑥　佐々木正治編『生涯学習社会の構築（再版）』福村出版
⑦　日本社会教育学会論『ＮＰＯと生涯学習―日本の社会教育№51』東洋館出版社
⑧　瀬沼克彰『元気な市民大学―生涯学習と人・地域の活性化』日本地域社会研究所

二〇〇八年

①　Ｊ・プショル、Ｊ・Ｍ・ミニヨン、岩橋恵子監訳『アニマトゥール―フランスの生涯学習の担い手』明石書店
②　香川正弘・鈴木眞理・佐々木英和編『よくわかる生涯学習』ミネルヴァ書房
③　田中雅文・坂口緑・柴田彩千子・宮地孝宜『テキスト生涯学習―学びがつむぐ新しい社会』学文社
④　神野善治編『ミュージアムと生涯学習』武蔵野美術大学出版局

⑤ 佐々木正剛『生涯学習社会と農業教育』大学教育出版会
⑥ 黒澤惟昭『生涯学習と市民社会—自分史から読み解く教育学の原点』福村出版
⑦ 瀬沼克彰『人気を呼ぶ協創・協働の生涯学習』日本地域社会研究所
⑧ 同志社大学教育文化学研究室編『教育文化交流からみた学校教育と生涯教育』明石書店
⑨ 久保喜邦『生涯学習しませんか—定年退職者の生き方』東洋出版

二〇〇九年

① 小池源吾・手打明敏編『生涯学習社会の構図』福村出版
② 前田寿紀『未来志向の生涯学習』学文社
③ 赤尾勝己『生涯学習社会の可能性—市民参加による現代的課題の講座づくり』ミネルヴァ書房
④ 三輪建二『おとなの学びを育む—生涯学習と学びあうコミュニティの創造』鳳書房
⑤ 黒沢惟昭『生涯学習とアソシエーション—三池、グラムシに学ぶ』社会評論社
⑥ 瀬沼克彰『住民が進める生涯学習の方策』学文社
⑦ 高橋満『ＮＰＯの公共性と生涯学習のガバナンス』東信堂
⑧ 神山敬章・高島秀樹編『生涯学習概論』明星大学出版部

二〇一〇年

① 高橋潤『ＮＰＯの公共性と生涯学習ガバナンス』東信堂
② 今西幸蔵『新版　生涯学習—市民社会へのパスポート』澪標
③ 宮坂広作『生涯学習と自己形成』明石書店

④ すきなみ大人塾編集委員会編『緑育ての楽校―みんな輝く生涯学習実践記』日本地域社会研究所
⑤ OECD編、立田慶裕監訳『世界の生涯学習―成人教育の促進に向けて』明石書店
⑥ 大桃敏行・背戸博史編『生涯学習―多様化する自治体施策』東洋経済新報社
⑦ 佐藤一子『イタリア学習社会の歴史像―社会連帯にねだす生涯学習』東京大学出版会
⑧ 三輪建二『生涯学習の理論と実践』放送大学教育振興会
⑨ 伊藤俊夫編『生涯学習概論　新版』ぎょうせい
⑩ 国生寿・八木隆明・吉富啓一郎『新時代の社会教育、生涯学習』学文社
⑪ 瀬沼克彰『高齢者の生涯学習と地域活動』学文社
⑫ 浅井経子編『生涯学習概論』理想社
⑬ 浅野志津子『生涯学習参加に影響する学習動機と学習方法』風間書房

五　二〇〇〇年以降の高齢者関連文献・目録

高齢者関連の書籍は、高齢化の進行と共に読者は増えるわけだから、発行点数も増加してもよいと思う。しかし、現実はそうなっていないようである。私がリスト化している書籍は、ウエル・ビーイング（よりよく生きる）という視点に立っている。

ただ、このテーマも分解すると、従来から仕事、経済、余暇、健康の質の向上といってきたが、近

年、社会参加を重視するようになった。

このテーマは、仕事など四つの分野と強くかかわっている。選書に当たっても、頭に置いておかなければならない。

選書に当たっては、数多い高齢者を対象とした本を四つの分野ごとで収集していったら、大変な数になる。それゆえに、四つの分類ごとにリスト化するのではなく、四つの分野にウエル・ビーイング的な視点を当てて、選書するという方法を取ってみた。近年、大型書店の売場でも、そうした分類を採用するところが出てきている。従来、高齢者問題というと、社会福祉に入れて本を並べるのが普通であった。

ところが近年は、よりよく生きるをテーマとして、「高齢者の生きがい」コーナーを開設している。私は、かねてからそうした選書をしてきてリスト化を行った。点数については、余暇や生涯学習のように、激しい流行がみられない。ある意味で一定している。あえていえば、前述のように、高齢者の増加スピードとは比例しないが、少しづつ点数は増えて、書店の陳列棚も年ごとに拡大していることは確かである。以下では、高齢者問題を対象とした文献をリスト化している。高齢者自身の生き方についての文献は選んでいない。

二〇〇〇年

① ＯＥＣＤ、阿部敦訳『ＯＥＣＤ諸国――活力ある高齢化への挑戦』ミネルヴァ書房

② 国立教育会館編『高齢社会と学習』ぎょうせい

③　野村総合研究所編『少子高齢化と現役世代の活性化』野村総合研究所
④　ライフデザイン研究所編『四〇代から考える自分の老後』すばる舎
⑤　中村敏夫『おいしい退職からの再出発』こう書房
⑥　産経新聞社編『生涯現役――いまが盛り』芳賀書店
⑦　染谷俶子編『老いと家族――変貌する高齢者と家族』ミネルヴァ書房
⑧　大久保幸夫『能力を楽しむ社会』日本経済新聞社
⑨　日下公人『熟年マーケット』ＰＨＰ研究所
⑩　三田誠広『中年て何？』光文社
⑪　一番ヶ瀬康子『老いて光る生き方』中経出版
⑫　総務庁高齢社会対策室『いきいき人生――エイジレス・ライフ、社会参加活動事例』エイジング総合研究センター
⑬　瀬沼克彰『長寿社会の生きがい探し』大明堂

二〇〇一年

①　星野和美『ライフサイクルにおける老年期の心理的発達と人格特性』風間書房
②　近藤勉『よくわかる高齢者の心理』ナカニシヤ出版
③　Ｅ・エリクソン、朝長正徳訳『老年期』みすず書房
④　Ｅ・エリクソン、村瀬孝雄訳『ライフサイクル――その完結』みすず書房
⑤　安立清史・小川全夫編『ニューエイジング――日米の挑戦課題』九州大学出版会

⑥　P・ピーターソン、山口峻宏訳『老いてゆく未来』ダイヤモンド社
⑦　和田秀樹『明るい高齢社会』PHP研究所
⑧　高畠修『高齢者の現代史』明石書店
⑨　ダグネス、久保儀明・樽崎靖人訳『老いをめぐる九つの誤解』青土社
⑩　浜口晴彦・嵯峨座晴夫『定年のライフスタイル』コロナ社
⑪　賀戸一郎・佐々木隆志編『サクセスエイジングのための福祉』勁草書房
⑫　高橋勇悦・和田修一編『生きがいの社会学――高齢社会における幸福とはなにか』弘文堂

二〇〇二年

①　中島健二『この日本で老いる』世界思想社
②　谷口郁子『あなたはどんな老いを生きたいですか――デンマーク・アメリカ・日本の高齢者福祉』アート・デイズ
③　安川悦子・竹島伸生編『高齢者神話の打破――現代エイジング研究の射程』御茶の水書房
④　冷水豊他『老いと社会』有斐閣
⑤　和田有子『シニア・マーケティング』電通
⑥　柴田博『老人は自立している』ビジネス社

二〇〇三年

①　田尾雅夫・西村周二他編『超高齢社会と向き合う』名古屋大学出版会
②　南塚盛久『シルバー文化学』彩流社

③　二塚信・嵯峨忠編『高齢社会―どう変れるどう生きる』九州大学出版会
④　日本経済新聞社編『定年後を極める』日本経済新聞社
⑤　堺屋太一『高齢化大好機』NTT出版
⑥　内閣府政策統括官編『いきいき人生』エイジング総合研究センター

二〇〇四年

①　池田勝徳『21世紀高齢社会とボランティア活動』ミネルヴァ書房
②　青柳まち子『老いと人類学』世界思想社
③　日本家政学会編『少子高齢社会と生活経済』建帛社
④　I・M・オライリー、田中典子他訳『老いとアメリカ文化』リーベル出版
⑤　井上英夫『高齢化への人類の挑戦―国連高齢化国際行動計画』萌文社
⑥　小田利勝『サクセスフル・エイジングの研究』学文社
⑦　村田裕之『シニアビジネス』ダイヤモンド社
⑧　直井道子『幸福に老いるために―家族と福祉のサポート』勁草書房
⑨　副島隆彦『老人税』祥伝社

二〇〇五年

①　川村匡由編『シルバーサービス論』ミネルヴァ書房
②　上野淳『高齢化社会に生きる』鹿島出版会
③　R・アッチェリー、S・バルシュ、ニッセイ基礎研究所ジェントロジーフォーラム監訳『ジェ

ロントロジー――加齢の価値と社会の力学』きんざい

④　松岡洋子『デンマークの高齢者福祉と地域居住』新評論

⑤　高橋伸彰『少子高齢化の死角』ミネルヴァ書房

二〇〇六年

①　清家篤編『エイジング社会』社会経済生産性本部

②　冨士谷あつ子・岡本良夫編『長寿社会を招く』ミネルヴァ書房

③　前田信彦『アクティブ・エージングの社会学』ミネルヴァ書房

④　金子勇『社会調査からみた少子高齢社会』ミネルヴァ書房

⑤　東北産業活性化センター編『コンパクトなまちづくりの時代へ――人口減少高齢社会における都市のあり方』日本地域社会研究所

⑥　東北産業活性化センター編『団塊パワー新市場』日本地域社会研究所

⑦　溝上憲文『団塊難民』広済堂

⑧　博報堂エルダービジネス推進室編『団塊サードエイジング』弘文堂

⑨　北城格太郎『団塊世代の六〇年』生産性出版

⑩　辻中俊樹編『団塊が電車を降りる日』東急エージェンシー

二〇〇七年

①　藤田綾子『超高齢社会は高齢者が支える』大阪大学出版会

②　読売新聞社編『団塊世代新時代』中央公論新社

③　長山端大『日本人の老後』新潮社
④　原田泰・鈴木準『二〇〇七年団塊定年』日本経済新聞社
⑤　三浦展『団塊世代の戦後史』文芸春秋社
⑥　田尾雅夫『セルフヘルプ・社会―高齢社会を支える仕組み』有斐閣
⑦　日本経済新聞社編『図説日本団塊マーケット』日本経済新聞社
⑧　山崎伸治『都市型シニアマーケットを狙え』日本経済新聞社
⑨　村田裕之『リタイアモラトリアム』ダイヤモンド社
⑩　大阪商大・博報堂編『団塊の楽園』弘文堂
⑪　橋本克彦『団塊世代の同時代史』吉川弘文館

二〇〇八年

①　W C・コッケルハイム、中野進監訳『高齢化社会をどうとらえるか』ミネルヴァ書房
②　小谷朋弘・江頭大蔵編『高齢社会を生きる』成文堂
③　望月苑巳『団塊力』音羽出版社
④　鈴木康央『再び叛逆する団塊』駒草出版
⑤　シニア社会学会監修『定年力』三笠書房

二〇〇九年

①　ベレカー・グルース、新井誠・桑折千枝子訳『老いの探究―マックス・クランク協会レポート』社会評論社

②　濱口晴彦編『自立と共生の社会学』学文社
③　堺屋太一編『日本、米国、中国、団塊世代』出版文化社
④　富士谷あつ子・伊藤公雄編『日本、ドイツ、イタリア　超少子高齢社会からの脱却』明石書店
⑤　牧野篤『シニア世代の学びと社会』勁草書房
⑥　A・ウォルガ、H・ヘネシー、山田三知子訳『イギリス高齢期における生活の質の探究』ミネルヴァ書房

二〇一〇年

①　鈴木七美・藤原久仁子他編『高齢者のウエルビーイング』御茶の水書房
②　東大高齢化社会総合研究機構編『二〇三〇年高齢未来』東洋経済新報社
③　大内尉義・秋山弘子編『新老年学第三版』東大出版会
④　直井道子・中野いく子編『よくわかる高齢者福祉』ミネルヴァ書房
⑤　天田誠介『老い衰えゆくことの社会学』多賀出版

第五章　昭和期の代表的余暇論

一　権田保之助の民衆娯楽論

大正、昭和の時期（戦前）に、娯楽という問題を先駆的に調査研究した権田保之助（一八八七―一九五一年）について、若き日にレジャー研究の先達として関心をもち、三〇数年前に二つばかり論文を書いた。一九七〇年代に、権田の研究は、『著作集』全四巻も出版され、関西では「現代娯楽研究会」、関東では「日本人と娯楽研究会」（会長石川弘義）が活発な活動をしていた。

前者は先述の『著作集』を編集刊行し、後者は「権田保之助研究」（一九七七～八三年）を発行した。私は後者の研究会に所属したので、権田の長男である速雄、文部省で一緒に数々の調査に従事した水谷大螢などに直接話しを聞いたり、質問をすることができた。その後、余暇の実態調査や政策研究に多くの時間をとられて、過去の先達の研究から離れて、長い時間が過ぎた。

勤務する大学を退職して、時間もつくることができたので、先駆的研究者の業績を再び学ぶことができるようになった。とくに、自分が学び直すだけでなく、これからの余暇、娯楽研究をめざす人たちに、一つの見取図を示しておくことの必要性を強く感じた。そうでないと、戦前の先駆者たちが忘れられてしまうことも懸念した。中継ぎの役目としてこれをやっておきたいと思って、当時の中心人物であり、代表者として、権田の人となり、業績、論評・評価をまとめてみた。

1　人となりと業績

権田の略年譜については、研究者の何人かが作成しているが、ここでは渡辺焼雄のものを引用させてもらった（川合隆男・竹村英樹編『近代社会学者小伝』勁草書房、一九九八年、二四三―二四三頁）。

一八八七（明治二〇）年五月一七日　東京神田に生まれる。
一八九九年　私立早稲田中学入学。
一九〇四年　校内雑誌に日露開戦批判論文を発表。これがもとで早稲田中学放校。
一九〇五年　東京外国語学校独逸語学科に入学。
一九〇八年　東京帝国大学文科大学哲学科選科（美学専修）に入学。さらに同哲学科（美学専攻）に進学。大塚保治に師事。
一九一四年　私立独逸協会学校教員に就職（―一九一八年）。
一九一六年　帝国教育会嘱託で『東京市活動写真調査』。翌年『東京市寄席興行調査』実施。
一九一八年　高野岩三郎の推挙により東京帝国大学法科大学副手を嘱託。翌年経済学部助手となる。『月島調査』に参加（―一九二〇年）。

一九二一年　東京帝国大学助手を依頼免、大原社会問題研究所研究員に就任。
一九二四年　ワイマール・ドイツを中心とした欧州留学（—一九二五年）。
一九三一年　文部省より民衆娯楽調査を嘱託される。
一九三五年　大原社研の理事となる（—一九三七年）。
一九三九年　日本厚生協会より専門委員を委嘱される。内閣より労務管理調査委員、演劇・映画・音楽等改善委員会委員にそれぞれ任命される。
一九四一年　文部省より国民学校教科用映画検定委員を嘱託。
一九四二年　内閣より文部省専門委員、厚生省専門委員に任命される。商工省より入場料専門委員会専門委員に任命される。
一九四六年　日本放送協会常務理事に就任。
一九五一年（昭和二六）年一月五日　死去（六三歳）。

彼は、明治二〇年に生まれ、大正五年に娯楽研究の第一歩として、帝国教育会の「活動写真調査」「寄席興行調査」に従事した。本格的な娯楽調査から得たデータをもとにして、最初の著書は、一九二一（大正一〇）年に『民衆娯楽問題』、二二年『民衆娯楽の基調』、二三年に『映画芸術の進化』『娯楽事業者の群』を立て続けに出版している。昭和に入って、三一（昭和六）年、『民衆娯楽論』、四一（昭和一六）年、『国民娯楽の問題』、四三（昭和一八）年に『娯楽教育の研究』を世に出した。

これらの六冊が彼の主著で、一九七四（昭和四九）〜七五（昭和五〇）年に文和書房から『権田保之助著作集』（全四巻）として復刻された。主要調査については、渡辺焼雄の「著作文献　目録　主要論文目録」を参照すると、前者は一九三一（昭和六）年の文部省「全国農村娯楽状況」から一九三四（昭和九）年の三本、主要論文については一九一七（大正六）年「活動写真問題」をスタートとして、大正年間で一五本、昭和に入って大原社会問題研究雑誌を中心として昭和一九年までで一二本を執筆している。

彼の学的生涯をふり返ってみると、主要著書六本のうち、三本は大正年間に書かれ、残りの三本が昭和一八年までに世に出されている。一方、主要論文は、前述のように大正年間と昭和一九年までの昭和期にほぼ同じ数が執筆されている。従事した主要調査は、大正年間三本、昭和期三本となっている。

このようにみてくると、彼の活躍は一九一六（大正五）年から一九四四（昭和一九）年までの二八年間で、六三歳で没したということもあって、研究者としては学的生涯は短く、その短期間にきわめて精力的、集中的に取り組まれたことがわかる。

彼は、なぜ、このように娯楽研究ということがほとんどなされていない時代状況のなかで、先駆的にこの問題に取り組んだのか。その答えは、のちにいろいろな人が話したり、書いたりしているが、私は最も身近かな人の所見を引用してみることにしたい（「父権田保之助」『権田研究』第二号、昭和五八年、三四頁）。

まず、最初に、長男の速雄は、「「民衆の好む活動写真とは一体どんな具合いに作られ映写され、又利用されるのか。それと同時に受け手である民衆とは一体何者なのだろうか」ということに強い関心を持っていた。それには、実態を把握しなければならないと娯楽調査に取り組み、調査の手伝いを命じられた」と話している。

権田の下で大正一二年から二〇年間、文部省で一緒に仕事をした水谷大瑩は、教育映画の制作、調査研究と民衆娯楽調査という文部省普通学務局庶務課、のちに社会教育課の二大事業を通して、彼は民衆娯楽の改善と教育映画の普及への情熱と述べている（「権田先生との出会い」前掲書　創刊号昭和五七年、八～九頁）。

権田の研究者寺出浩二（実践女子短大教授）は、「民衆娯楽の発達を阻害するいろいろな条件を打ち毀さうという目的を持って、官僚機構の側から自由な拘束されないという条件で社会教育に関与」と述べている（前掲書、第二号、一三頁）。

中鉢正美（慶応大学教授）は「早咲きの生活学者」というタイトルで、次のように述べている（前掲書、創刊号、三頁）。

「すなわち彼は一方において、娯楽は他の目的に対する手段、例えば労働力消費という目的に対するその再生産という手段として追求されるのではなく、娯楽は娯楽自体として追求されるべき自己目的であると主張すると共に、他方において娯楽が娯楽産業の利潤追求に対する手段に転化するおそれを警戒し、娯楽の健全な発達を促進するための公共的規制をも要請している。娯楽の自己目的性とその公共的規制の必要性とは、彼の場合にはなお十分に展開されないままに併列的に述べられるにとどまり、民衆娯楽はやがて昭和十年に至って国民娯楽の方向に転換されることとなった。」

2　娯楽問題に関する主要著書の内容

権田の主要著作五冊について、概要を知るためには、目次を示すのが最も適切と考えて、以下に列記してみた。

『民衆娯楽の基調』一九二二（大正一一）年
第一章　民衆娯楽問題の位置
第二章　新しき民衆娯楽の誕生
第三章　新しき農村の娯楽問題
第四章　民衆生活と娯楽

『娯楽業者の群』一九二三（大正一二）年
水商売・客商売の女
芸人の社界
遊芸の師匠
大道芸人
民間信仰

『民衆娯楽論』一九三一（昭和六）年
第一編　社会生活と民衆娯楽

第一　社会生活と娯楽
第二　震災時に現われたる娯楽の諸形相
第二編　民衆娯楽状況
第一　民衆娯楽の発達とその帰趨
第二　都市民衆娯楽の消長と推移
第三編　民衆娯楽対策
第一　近代都市娯楽とその社会的施設及対策
第二　都市娯楽としての映画興行への社会的対策
第三　教育映画運動とその社会的展開
第四　児童映画デーの問題
第五　公営児童映画館の建設

『国民娯楽の問題』一九四一年（昭和一六年）
序論　民衆娯楽の崩壊と国民娯楽への準備
第一編　事変勃発と娯楽の位置
第二編　娯楽政策の根拠と要請
第三編　銃後国民生活と国民娯楽の提唱
第四編　国民娯楽的施策の方向

第五編　国民娯楽の完成と娯楽人

『娯楽教育の研究』一九四三年（昭和一八年）
第一章　新しき国民生活に於ける娯楽の地位
第二章　旧き娯楽観念の倒壊と新しき娯楽理念の成立
第三章　娯楽教育問題の史的展開
第四章　娯楽教育施策の現段階
第五章　娯楽教育施設状況

彼の主要著書の問題意識は、序文に、きわめて短い文章のなかに単的に述べられている。そこで、それらを引用してみることにした。

「民衆娯楽の問題は兎に角現代の一問題でありまして、これが透徹せる考察と、これに対する政策の確立とは、集眉の急務となって居ます。即ち学者が書斎で捏ね上げた抽象的概念の産物でなくて、社会生活が街頭より自然に生み出した具体的事物の産物であるからであります。然るに此の切実な問題に対する適当な参加書がない。」『民衆娯楽の基調』（『著作集』第一巻、一六頁）

「民衆娯楽の問題は最近に社会が生み出した著しい問題の一つである。而してそれは既に議論の世界を脱して、実行の域にまで突入している問題である。私の見る所に従えば、一切の社会思想なるものが思想それ自身の独自的産物には非ずして社会事実に即した所産であるべき筈であるが、我が民衆娯楽に於ては、その過程を最もよく端的に現わしいることを著しい特色と云わねばならぬ。実に民衆娯楽問題は事実が先きにあって、議論が其の間より自ら湧き出でて来たのである。そして其の議論の当否正邪が常に事実によって審判されると云う所に、此の問題の真骨頂が存して居る。」『娯楽業者の群』（前掲書第二巻、一五頁）

「生ける社会の研究は、哲学的思弁の眼鏡を棄て、指導原理の論理を去って、生活事実に面接することに依らねばならぬとは私自身の立場である。私は此の立場から「社会研究」という計画を立てて、其の一端を『大観』誌上に発表した。私の研究の計画は可成り広かったのであって、此処に纏めた「娯楽業者の群れ」は僅かに其の一劃を描くものたるに過ぎない。私の頭初の計画は暫時中絶するの余儀なきに至ったけれども、此処に其の一斑を画き出し得たことに、淡い満足を感じようと思う。」『民衆娯楽論』（前掲書第二巻、一七九頁）

「私が『民衆娯楽問題』及び『民衆娯楽の基調』の二小冊を世に出してより、已に早く十年を経過した。此の十年は社会事象の凡べてに於て然るが如く、否、特にわが民衆娯楽という事象にとっては極めて重大な期間であった。それは本署の論述が已に明らかにしいるが如くに、此の期間に於て民衆娯楽は著しき展開とめまぐるしき遷移とを示したことによって明らかである。蓋し欧洲大戦によって齎らされた経済的躍進によって創り出された大民衆の生活が、その反動期の腥惨に直面し、次いで大震災の試練に遭逢し、更らに世界的不況の苦酸を味得して、いよいよ急峻に、益々深刻に転向したが為めである。本書は此の十年間に於ける私の極めて遅々として且つ甚だ貧弱な研究の所産の集成である。」『国民娯楽の問題』（前掲書第三巻、一三頁）

「顧るに、私が『民衆娯楽問題』の一書を編して世に送ったのは既に二十一年の昔、大正十年の初夏の事であって、其の当時は、尚おそれより遡ること八年の大正三年初夏に出した拙著『活動写真の原理及応用』で指摘した活動写真の娯楽性大衆性が第一次欧洲大戦によって昂揚された社会民衆主義、経済的自由主義、個人主義的自由主義の潮流に乗せられて、娯楽一切の範囲に展開し、其処に「民衆娯楽」という一存在を創り出した。然るに最近に於ける新しい事態、支那事変によって作り出されたとも云い得るし、寧ろその逆に事変そのものをすら生み出したとも云う事の出来る偉大な底力を持った「時局」は、此の民衆娯楽を止揚して、国民娯楽を生み出そうとしているのである。民衆娯楽より国民娯楽へ！　それは単に娯楽に関する限りの傾向である丈けでなしに、新しい時代の趣向一般を指示するものと云い得よう。」『娯楽教育の研究』（前掲書第三巻、二二九頁）

以上、主要著書五冊の序文から、とくに彼が強調したかったことを引用してみた。私なりに、共通項を読みとって、気づいたことを列記してみることにした。

一つは、近ごろ娯楽問題が社会問題として急激に発生してきた。彼はこの問題がきわめて大事だと思ったので、調査研究に力を入れている。二つは、社会問題はすべて社会的事実の所産であるから、議論は社会的事実を重視すべきである。これも彼の若いときからの一貫した研究姿勢である。三つは、娯楽問題の研究は哲学的思弁を捨て、生活事実に面接することから始めなければならない。五冊を通じて生活者の実態を実に細かいアンケート調査を通して調べているが、直接的に生活者に会って面接していることも、当時としては珍しいアプローチであったといえる。四つは、民衆の娯楽活動を善導して、民衆娯楽の改善を行政が担っていかなければならないという主張である。国レベルでは、その所管は文部省社会教育課であり、自分がその仕事を担当している。それゆえに、自分が一生懸命に取り組まなければと考えていた。五つは、昭和一〇年代に入ると、時局の変化、新しい時代の要請によって、民衆娯楽から国民娯楽へのうねりのなかで彼自身が民衆の娯楽を善導するとか引き上げるとかいう方策よりも、国策に沿った統制、検閲という方策に加担していくようになる。これは、何人かの研究者が指摘するように、明かに「転向」ということであろう。六つは、彼が、時代の要求に逆らうのではなく、従順に従うという姿勢をとった。一方では、教育方法論の問題として、娯楽と教育の相互利用についても関心をもちつづけている。娯楽と教育は、これまで互いに反目・対立する存在であったが、近時、両者の障壁がくずれてきて、教育が娯楽を一手段として利用し、娯楽は教育の一方便になってきている。社会教育という分野が登場してきたことを重視している。

3　娯楽論についての論評・評価

大正と昭和一九年までの娯楽研究の主要作について、石川弘義は、若いときから神田、早稲田を歩

表5-1 『余暇，娯楽研究基礎文献集』（全30巻）

巻	書　名	著者名	発行年	プロフィール
1	民衆娯楽の基調	権田保之助著	大正11	文部省嘱託
2	映画劇と演劇	橘高広著	大正11	警視庁検閲係長
3	民衆娯楽の実際研究	大林宗嗣著	大正11	大原社会問題研究所員，映画の仕事
4	余暇生活の研究	大阪市社会部調査課編	大正12	
5	社会研究・娯楽業者の群	権田保之助著	大正12	文部省で30年間
6	娯楽の研究	中田俊造著	大正13	
7	活動狂の手帳	橘高広著	大正13	
8	農民劇場入門	中村星湖著	昭和２	郷土文化のリーダー
9	現代娯楽の表裏	橘高広著	昭和３	
10	民衆娯楽論	権田保之助著	昭和６	
11	村落劇場	上田久七著	昭和９	日本厚生協会主事
12	教育上より見たる娯楽と休養（上）	中田俊造著	昭和９	
13	教育上より見たる娯楽と休養（下）	中田俊造著	昭和９	
14	都市と農村の娯楽教育	上田久七著	昭和13	
15	厚生運動概説	磯村英一著	昭和14	戦後，東洋大学長
16	第一回日本厚生大会報告書	日本厚生協会編	昭和14	
17	国民娯楽の問題	権田保之助著	昭和16	
18	国民演劇と農村演劇	飯塚友一郎著	昭和16	農村演劇の指導者
19	地方娯楽調査資料	朝日新聞中央調査会編	昭和16	
20	ナチス厚生団（KdF）	権田保之助著	昭和17	
21	国民厚生運動	保科胤著	昭和17	日本厚生協会主事
22	国民生活の構造	籠山京著	昭和18	戦後，京大教授
23	移動演劇十講	伊藤熹朔著	昭和18	舞台装置家
24	娯楽教育の研究	権田保之助著	昭和18	
25	ドイツの健民運動	近藤春雄著	昭和18	外務省ドイツに駐在
26	芸能文化論	飯塚友一郎著	昭和18	
27	イタリアの厚生運動・ドーポラヴォーロ	柏熊達生著	昭和18	イタリア大使館
28	厚生運動読本	日本厚生協会編	昭和19	
29	共栄圏民族の厚生文化政策	大林宗嗣著	昭和19	
別	解説書			

いて、たくさんの書籍を収集した。それを一九九〇（平成二）年に大空社から『余暇、娯楽研究基礎文献集』（全三〇巻）と題して刊行した。書名、著者名とプロフィール、発行年を引用した（表5-1）。

このリストから気づくことは、書名、シリーズ名として、「余暇・娯楽研究」と余暇が入っているが、三〇巻のうち、余暇を冠したのは、大阪市の『余暇生活の研究』（大正一二年）が一冊あるのみで、すべて娯楽という言葉が使われている。著者で大きな特徴は、大学に籍を置いている人が一人もいないことである。磯村英一、籠山京の両氏は、戦後大学教授になるが、執筆時は大学教授ではなかった。一人、二人が中央省庁に勤務していたが、ほとんどの人は嘱託、非常勤の委員であった。多くの人が在野にいて、地域を基盤にして活動し、リーダーとして実践活動を行っている。そこで得た体験、知識を書籍にまとめている。権田と同じ境遇、問題意識であった。

発行年は、大正期七冊、残りは昭和期で、この時期に刊行された作品が圧倒的に多い。権田についての論評、研究評論として代表的なものをリスト化してみた。

佐藤毅、一九六〇年：「最近の大衆娯楽・余暇の研究」『思想』（特集・大衆娯楽）岩波書店、五月号

石川弘義、一九七四年：「余暇理論の源流」堀川直義編『現代マス・コミュニケーション論』川島書店

鶴見俊輔、一九七六年：「《書評》民衆娯楽から国民娯楽へ—権田保之助著作集（全四巻）—」『思想』（一九三〇年特集）岩波書店、六月号

田村紀雄、一九八一年：「権田保之助・『浅草』風俗の調査」現代風俗研究会『現代風俗』
寺出浩司、一九八一年：「都市生活史覚書」石川弘義編『娯楽の戦前史』東書選書

私は、三〇数年前に権田について「余暇教育の視点」と題して戦前の『娯楽教育の研究』を取り上げた（拙著『余暇教育の検討』文和書房、一九七七年、一二～一三頁）。

また、「余暇教育の系譜」と題して権田の『娯楽教育の研究』は、娯楽施策について、国が統制、誘導を重視する国民娯楽論であると指摘した。彼の娯楽論の初期にみられた民衆娯楽をレベルアップしたり、善導するものではないと述べた（本編は「レクリエーション」一九七八年四月号、五月号に執筆、のちに拙著『余暇とサラリーマン』学文社、一九七九年、三～二〇頁）。

次に、権田保之助著作集（全四巻）の解説者が、権田論をどのように書いているかは、きわめて興味が引かれることである。メンバーの四人は、皆、関西の大学に勤務し社会学を専門にしている人たちで、数年にわたって「現代娯楽研究会」や「現代風俗研究会」に加入し、権田について研究検討を行っていた。その成果としての権田論である。

まず、第一巻の仲村祥一の解説をみることにした。「好きこそものの上手ともいわれ、逆に下手の横好きとも語られる。だが、好くことからの出発こそが、物の根本である点にかわりはない。権田の民家娯楽の研究には、民衆娯楽への好きがある。研究が好きというより娯楽が好きといった底流がある。娯楽しつつ生活する民衆への共感と愛がある」（同書　四〇五頁）。

この文章のなかに、権田の研究対象への共感と愛が強いことをはっきりと把握することができる。

仲村は、権田が「事実としての民衆娯楽」を重視して、学者が理論や観念で政策を立ててはいけないことを強調する。私もまったくそのとおりだと思う。

また、仲村は、権田の民衆娯楽への接近法を二つのスタイルによって証明する。一つは、芝居、寄席、活動写真の三大民衆娯楽、もう一つは、盛り場論として、大阪、岡山、神戸、浅草の探訪である。娯楽は、労働の英気を養うといった手段として把握してはならない。娯楽は他目的でなく、自目的であることが本領という説を仲村は支持する。この意味で娯楽は、現代風にいえば、レジャーと相通じるものがあると述べている（同書、四一四頁）。

第二巻の解説者である井上俊は、『娯楽業者の群』と『民衆娯楽論』が権田の代表作だと指摘する（三九七頁）。

権田は〈娯楽〉というものをどのように考えていたか。『民衆娯楽論』のなかで彼は、娯楽の範囲および概念に関する「客観的存在説」、娯楽の起源に関する「過剰勢力説」、娯楽の効用に関する「再創造説」を批判的に検討しながら、みずからの娯楽観を明らかにしている（一八八頁以下）。

井上は、権田の「民衆娯楽」という概念は、「民衆的娯楽」をさすのではなく、新しい時代に生まれてきた工業社会の担い手によって大都市で生まれてきた都市娯楽であると説く。都市娯楽は、興行物的娯楽と娯楽の供給組織の企業化の二つを含んでいる。

権田の民衆娯楽へのアプローチについて、井上は、二つの方法を説明する（同書、四〇一頁）。一つは、数量的・統計的データの収集、もう一つは、現実に動いている場に飛び込んで「生活事実」としての民衆娯楽に迫っていくという方法である。後者については、次の井上の文章を引用させてもらった（同書、四〇三頁）。

「生産や労働ではなくて娯楽に、そして娯楽のなかでも、高尚な趣味的活動や通人の遊びではなくて「近代都市に於ける無産労働者階級の生活」に根ざす「民衆娯楽」に、いちはやく注目したところが権田の面目である。「娯楽業者」を取り上げる場合にも、彼は主として、いわば末端の人々、たとえば芸者、娼婦、料理屋や待合の女中、カフェーのウェトレス、芸人、「流し」の人々、などに目を向けた。一般に、〈まとも〉な市民生活の枠組みから多少ともはみ出した人びとや現象、多かれ少なかれ社会的に貶価されている領域ないし側面への強い関心が権田にはある。一つには、それは、彼の旺盛な好奇心にもとづく。この種の領域は、しばしば影の部分として、一般の人びとの目から隠されているからである。」

第三巻の解説者である津金澤聡広は、『国民娯楽の問題』および『娯楽教育の研究』について、次のように述べている（同書、四三七頁）。

「本巻に収録されている『国民娯楽の問題』（昭和一六年刊）および『娯楽教育の研究』（昭和一八年刊）の両者は、いずれも戦時下における娯楽――まさに「民衆生活の一表現」であり、かつ民衆の「生活創造」の重要な一因数である――状況をめぐる「時代の大勢」すなわち国家管理・統制の推移、ならびにその内実の矛盾を明らかにする上で得難い文献というべきであろう。」

具体的には、以下の三点を指摘する。一つは、民衆娯楽から国民娯楽への転移、転換について、一知識人の戦時下適応と苦悩の記録として学びえることは少くない。

二つは、娯楽の問題は、教育の問題であると指摘する。両者は長い間、反目、対立してきたが、権田は人間学的視角で今日の生涯教育論に近いことを強調している。

三つは、『娯楽教育の研究』で、史的展開過程を重視している。それは、四期に区分される。
(1)　娯楽教育問題揺籃期（明治末葉~大正九年頃）通俗教育調査委員会、赤本の追放活動写真の調査
(2)　教育的利用期（大正九年~大正末）社会教育の提唱、社会教育調査委員会、小学校での映画上映
(3)　準備的整備期（昭和頭初~「支那事変」勃発）映画教育運動、映画事務担当者講習会
(4)　綜合的展開期（「支那事変」以降）民衆娯楽から国民娯楽への転換期、娯楽教育の国民娯楽への展開過程

とくに第四期について、津金沢は権田の「苦悩の体験記録であり、きびしい戦時〈弾圧体制〉下にあってなお、人間の根源的な生活欲求の具現として娯楽問題を追求しつづけた著者の感慨が溢れていて、その「娯楽」への愛着とひとすじの生涯に、後学のひとりとして思い新たなるものがある」と述べている（同書、四四七頁）。一方、研究方法として津金沢は、権田がこの時期、「法制的、娯楽政策上の諸記録や資料類を丹念に記述して、娯楽問題をめぐる国家管理・統制の推移を諸データを通して明示した貴重な文献である」（同書、四四六頁）。これらの津金沢の評価は傾聴に値すると思う。

二　小林一三の余暇事業

山梨県生まれでレジャー事業を多彩に創立した小林一三（明治六〜昭和三二年）に若いころから強い関心をもっていた。その理由は、母が山梨県大月の在の出身であったことと、研究テーマとしてレジャーを選んだことで倍加された。これに加えて、結婚の相手が宝塚市の生まれで実家が市内にあったので、これまでも長期にわたって訪ねる機会が多かった。現在の宝塚は、まさに小林のつくったまちである。

そんな縁で、小林のことを研究してみたいと、長年にわたって著作や資料を集めており、いずれ小林のレジャー論を執筆したいと思っていた。しかし、なかなかその機会をつかむことができずに、一本の論文も書くことがなかった。今度こそ短いものでも書いておきたいと思った。

小林のレジャー事業への取り組みは、明治四四年、三八歳のときに、宝塚新温泉の営業開始から始まった。慶応義塾を一九歳で卒業し翌年三井銀行に入社し、三四歳で退職するまで、約一五年間は銀行員として働いた。レジャー事業への関連は、まったくなかった。レジャー事業へのかかわりは、大正に入って、大正時代の一五年間で電鉄経営の集客対策として知恵をしぼるなかから次々と生まれていった。この時期は、電鉄経営が主で、レジャー事業が従の関係にあったと思われる。

ところが、昭和に入ると宝塚大劇場で「モンパリ」が大成功し、東京にも劇場をつくり、デパート、球場、映画の制作などレジャー事業の経営が中心になっていく。本節では小林の人となり、文学青年がいかにしてレジャー事業の創設者になっていったかを追求してみることにしたい。

1　文学青年の銀行員時代

小林一三の自叙伝は、次の書き出しの文によって始まっている。

「三田通りで人力車を降りて、正門を見上げながら坂をのぼり、義塾の高台に立って、生れて初めて海を見たのであるが、その時、どういうわけか、海は真白く、あたかも白木綿を敷いたように鈍ぶい色で、寒い日であったことを記憶している。それは今から六十五年前、十六歳の春、明治二十一年二月十三日である。」

一六歳の山梨県韮崎町生まれの小林は、慶応義塾内の寮に住み込み、学生生活を送る。学校の休みの日は、麻布十番にある年中無休の芝居小屋に通っていた。その後、木挽町に新設された歌舞伎座にも足を伸ばした。もともと文才のあった小林は劇評を依頼されて寄稿した。

慶応の授業の様子や勉学のことは、ほとんど記述されていない。明治二五年一二月、卒業して、二六年一月から三井銀行に出勤する。「それから十数年、私の二十代は銀行員として安月給取りのあられないぜい沢生活は多年を浪費する」と書いている。このことは、自伝の随所に述べられることをつないで具体的にまとめると、月給一三円、半期賞与四カ月だから、毎月二〇円程度の収入であった。この時期のぜいたくというのは、生家から半期五〇〇円の仕送りを受けて遊興費として使っていたことである。

小林が大阪に勤務した明治二七年当時は、日清戦争とその後の好景気で、勤務のあとに交友つきあいと称した花町遊び、日曜ごとの道頓堀りへの劇場通いに明け暮れた。朝日座などの人、芝居関係のつきあい、劇評を書くことで新聞記者との交遊、文学雑誌「この花双紙」の仲間とまことに多忙な仕事外の生活があった。

このころの小林は、銀行を辞めて新聞社に何度行こうと思ったかわからないと書いていた。時間をつくって小説も書いていた。銀行の仕事は三田出身者によって占められ、当時は小林の考えと同じように、新聞社と銀行との間を渡たりたい人はけっこういたようである。三田出身者は、大阪経済界にも多く、同窓の結びつきは緊密であった。

日清戦争後、経済界に高商出と帝大出が進出してきて三田出身者の優位性はおびやかされるようになっていた。東京財界でも、日本銀行の幹部は三田出身者で占められていたが、帝大出身者が台頭し三田出身者は敗退していった。

小林は東京勤務を希望していたが、願いはかなわず、明治三〇年一月名古屋支店勤務を命じられたことを機会に、品行方正でまじめに勉強しようと誓っていたが、大阪に負けないほど宴会多く、まじめな暮らしはできなかった。

二カ年の名古屋勤務も、仕事上で得るところは少なかったようで、再び大阪支店にもどることになった。明治三二年、見合い結婚し、妻をともなって大阪へもどった。自伝によれば、役職は貸付課長であったが主な仕事は業務週報で「普通の銀行員というよりも特権通信機器といったような態度で執筆した」と書いている（同書一〇五頁）。

この業務週報は、大阪における経済界の人事行動を新聞に掲載されていない事柄を取材して書いたので、東京の本社重役の参考になるとよく読まれていた。それゆえに、この仕事は小林にとってやりがいもあったし熱中して取り組んだようである。

明治三三年一二月、東京勤務の発表があり、本社秘書課に配属されるが、一年半もたたない間に、追い出されて調査課に左遷された。仕事は、検査主任として気楽な役で全国の支店に出向いて業務検査をする。やりがいのある仕事ではなかったようである。このころのサラリーマン生活の悲哀を述べている（同書一一九頁）。

「要するに池田君の部下やお声がかりの人は、随分いかがわしい男でも出世し、重要視されているのに対し、林課長の部下からは抜擢されもせず、重要視されて恵まれた人は一人もない。いずれも淡々として路傍人のごとき交渉であったから、調査課は紙屑の捨て場所のように一般から軽視されて居ったのである。この紙屑の中に私は明治四十年一月まで在勤したのである。

　この七、八年は、一生の中、私の一番不遇時代であった。東京における三井銀行時代は、私にとっては耐えがたい憂うつの時代であった」

当時の仕事は少しでもおもしろくなく、何とか好機をつかんで飛び出すよりほかに道がないと考えていた。そうした苦しい心境であったが、全国の支店をみられることは、半カ月以上、支店にとどまっているから、各所旧蹟の巡覧、道具屋の掘り出しものを探す楽しみもあって、不平が強かったが辞職する勇気はなかったようである。

経済界銀行界とも三田出身者の独占状況は、明治三〇年代後半になると、変化が生じてきて、帝大出、高商出が、しだいに力をもつようになっていった。銀行の月給も慶大出四〇円に対して、帝大出五〇円、高商出四五円になってきたと小林は書いている。

三井銀行でも帝大出身の早川専務理事が出てきた。この人はおよそ無策で、これに辛抱できなかった先輩たちは大勢辞めていった。小林も辞職を決心し、大阪にいくことを早川に述べた。早川が退陣して明治四二年人的な改革がやっと実現された。

これより二年前の明治四〇年一月に、小林は三井銀行に見切りをつけて、「証券会社設立の夢を抱いて、世帯道具全部を売払い、荷物は書画骨董だけで居心地のよい芝浦の家を片付けて私達夫婦二男一女、一家五人大阪へ転住する」（同書一五〇頁）。

小林の自伝を手がかりに、慶応義塾を卒業した文学青年が銀行員となって、一五年間銀行員の仕事をしながら、仕事の外で文学青年として、仲間と交遊し、芝居小屋をみて歩き、劇評を書き、遊びに専念したかをみてくることができる。

銀行員としての小林の強みは、やはり、三田の出身者ということで、当時の三井銀行は、先輩も後輩も三田出身者で占められ経済界の人間も先輩、後輩でつながっていた。

そうした環境のなかで、銀行員として普通に勤務していれば、仕事のあとは、自分の好きないかなる道楽に励もうと仕事にさしつかえることはなかったのである。銀行員として、文学青年のままに、好きなことをやって一五年間、主に大阪で暮らした。この一五年間をつぶさに検証しても、のちに日本のレジャー事業の祖となる芽や発想というものは出ていない。

ある意味で、芝居好きで文章を書くのが得意な平凡な銀行員という感じがする。のちに一大レジャー事業を開業する人物とは、想像できない。ただ、慶応義塾時代からの文学青年の芝居好きは、多くの経済人とちがったキャラクターではあったと思う。多くの経済人は会社を創立し成功させ功成り名をとげてから、趣味として絵を描く、文筆をとることはあった。この点は小林とはちがっていた。

小林は、自分の趣味、興味を一〇代、二〇代、三〇代前半まで、常にもちつづけて、個人生活のなかで重視して、常に活動を継続していた、自伝を読んでみると、常もこれに従事している。本当に好きだから、銀行の仕事がいくら忙しくても止められないのである。

ただ、それが人々の余暇生活や新しいライフライフスタイルの創造に貢献するというような発想は、若い時代にはまったく感じられない。銀行で順調に出世していたら、彼はレジャー事業を興すなどということはなかったであろう。

2　鉄道事業経営に転進

明治四〇年一月に大阪へ家族で引越してきたが、時悪く、日露戦争後の株暴落と重なってしまって証券会社設立どころの話ではない。なんとか借家は手に入れたが、仕事のあてがない。毎日困りぬいて日々を過ごしていた。そこに突如、三井物産の飯田義一常務から阪鶴鉄道の仕事を手伝ってくれないかという吉報が入ってきた。

この鉄道会社は、三井物産が大株主で、明治三九年三月に梅田から箕面、宝塚、宝塚から西宮間に電車を通す計画を申請、一二月に出願許可を得ていた。いきなりの監査役を依頼されたときの気持ちを次のように書いている（同書一六五頁）。

「一生の仕事として、責任を持ってやるならば――と言われて見ると、初めて自分の立場を顧みて、これは容易ならぬ仕事だ。果して自分に出来るだろうか、とちょっと返事に躊躇したが、しかし「仕事自体は大丈夫か」という質問があったのを幸いに「仕事のことは私に判りませんが、建設費のこと、損益計算などの予算は、既に阪鶴鉄道が実際に調査し尽したもので、これは信用してよいと思います。乗客の数、経費などは、大体これこれの計算になって居りますが、私には、皆目判りません」

小林の頭での計算は、株式取得に一三七万円かかるが、沿線を住宅にして坪一円で買えば五〇万坪で五〇万円で、これを一年に一〇万坪（単価二・五万円で売れば一二五万円になり、鉄道の建設員と宅造費を支払っても利益が出ると見込んだ。ただ問題は、計画どおりに売れるかということであった。現在では、鉄道会社の住宅供給方式は常識になっているが、この方式を小林の前に実行した人はいないわけだが、小林の考えは時代の先読みであった。これを成功させるために、有能な鉄道工場の専門家を招へいしたり、有力な土木工事会社、大林組の全面協力を得て明治四三年三月に箕面電車は開通した。

鉄道事業を成功させるために、小林は住宅地を分譲し、一人でも多くの人々に住んでもらって、大阪への通勤をしてもらうことが大事であった。そこで「最も有望なる電車」というパンフレット（三七ページ建）を一万部印刷し、関係方面、有力有込客に配布している。こうした売り込み方法は従来なかったことで、これも小林の独創である。内容は建設費、工事説明、住宅地経営などが詳細につづられている。現物は自伝に掲載されているが、本人もやや文学的表現がきついと語っているが「夢の住宅地」、田園趣味、理想、家庭像、新しい生活の推察などにあふれた内容をもり込んでいる（同書二〇〇～二一〇頁)。

小林の独創は、一〇年にわたる銀行の不遇時代で眠っていた才能が一気に開花したものに思われる。目的のために、すべてのもてる力を全集中させるのが、そのやり方で、人生最初の経営者の仕事として、住宅地を売ることに力が入れられた。感心なのは、小林は失敗を営々と他人にしゃべって、反省して、失敗を改善して成功に導くことである。箕面電車でも、開発した住宅地に購買組合と倶楽部を設置した。前者は日常の必需品を安価に提供したから喜ばれたが、後者の利用者はほとんど得られなかった。そこで、すぐに取り止めている。また、日本に西欧流の中流家庭をつくってみようという試みに西洋館を新築してみた。しかし、これも買う人はいなくて、売れ残り貸家にしなければならなかった。

電車の開通と同時に、箕面公園のなかに動物園を開設した。園の広さは三万坪であった。京都以外に動物園がなかったので、来園者は多かった。しかし、燃料費と維持費がかかりすぎるので止めることにした。箕面公園はもともと春は桜、若葉青葉新緑、涼しい夏、燃ゆる紅葉の名所である。自然環境に恵まれている景勝地で人工のものはいらないと考えなおしたと語っている。

箕面電車が開通して営業成績も順調に運んでいるときに、小林は、三井銀行時代に温めていた社債発行を行った。これは、日本ではじめての出来事で、新興の野村商会（のちの野村證券）が引き受けてくれた。

明治四四年、小林は電車の終点である宝塚に客寄せの目玉施設をつくりたいと考えていた。箕面動物園もレジャー施設の一つであったが、小林のつくったレジャー施設の第一号は、この新温泉計画であろう。当面の計画は、旧温泉街を再構築して、一大ゾーンにして大阪から大量の客を呼び込むものであった。しかし、計画を地元の関係者に説明すると、水道の権利、元湯の使用権、分配の独占権とから四、五人のボスが強力な自己主張をして、計画は受け入れられなかった。そこで小林は、武庫川の川原を埋め立て新温泉をつくった。

箕面電車は、宝塚が終点ではなく有馬まで鉄道を引く計画で認可されていた。有馬温泉は、有馬線の工事にかからないのであれば特許権を放棄してほしいと迫ってきた。そこで小林は譲歩して、権利を無償で譲渡した。のちに、神戸から有馬への鉄道が神戸有馬電鉄として開業された。

有馬への進出の希望は小林はもっていたが、これを断念することによって宝塚への集中投資に尽力することになった。明治四五年七月、宝塚温泉パラダイスは開業した。明治四〇年、小林が一五年務めた三井銀行を退職し、証券会社をつくっていれば、同時期に設立された野村商会の野村徳七のように証券界の大人物になっていたかも知れない。

けれども、その道はとれなくて、三井物産の重役からの救いの手によって鉄道事業の役員に就任した。自分でもこうした道にいくとはまったく考えていなかった。人の運命とはわからないものである。鉄道事業に入ったので、これまで言及してきたように、独創的なアイデアを次々と出して、それを実行していった。住宅地開発の手法については、すでに詳しくみてきたが、明治四四年の宝塚新温泉の営業はまさしくレジャー事業への進出であった。

ここに小林の日本のおけるレジャー事業の草分け、パイオニアとしての地位は固まったといえるだろう。箕面電車に入社して、わずか四年間で、これだけ仕事をやってしまうということに非凡な才能の持ち主であることがよくわかる。

3　多彩なレジャー事業の発展

小林は、有馬への鉄道延長をあきらめて宝塚を大衆娯楽施設の一大拠点にするべく集中化を計画する。まず最初に武庫川の西宮線鉄橋の所にダムをつくって人造湖を提案するが、地元の賛成が得らずに、さしずめ新温泉の成功に力を尽いだ。

明治四五年、新温泉に連絡するパラダイスの新館が開場した。水泳場は、客が思うように入らなくて失敗に終わった。小林は、当時、大阪三越で少年音楽隊が評判をとっていたのに着目し、三越の指導を受けて少女唱歌隊を編成した。

パラダイスの室内水泳場を改造して観客収容数五〇〇人の平土間をつくった。大正五年一七人の少女歌劇団が歌劇「ドンブラコ」（四幕）を公演した。小林はこの歌劇団に並々ならぬ情熱をかけて運営にたづさわっている。歌劇への取り組みに対する気持ちは、自分に慰安を与えてくれ、可愛い生徒の声楽にすべてのことを忘れるとまで述べている。

パラダイスと歌劇は評判をとり、電鉄経営にも大いに貢献したが、小林は経営全体に関しては、銀行の支援、先発の阪神電鉄との対立など苦しい時代がつづく。昔から執筆したり、経営にも参画した大阪新聞との関係も、手伝ってくれと懇願され、手伝わざるを得なかった。

阪神電鉄との関係も合併を迫られて、関係者の間をめぐって、多くの時間もエネルギーもとられる。自伝でも「一難去って又一難」と書いている。第一次世界大戦は大阪の景気を上昇させ、電鉄の経営も急激によくなった。大株主、各業界の経営者の間をまわって説得し、合併はしないでよいことになった。

小林の宝塚を中心とするレジャー事業経営は、大正一三年の大劇場の開場、一四年の宝塚ホテルの開設など、徐々に行われる。宝塚で取得したノウハウが昭和に入って、東京に進出し、日比谷後楽園、江東楽天地、新宿コマなどに発展する。

小林の自伝は、「週刊サンケイ」に連載され、昭和二七年九月二〇日号での次の文章で終っている（同書二七五頁）。

「阪神百貨店、それから梅田の娯楽街の計画、更に東京へ進出した東宝の幻しの城、私は一人一職の方針を離れざるを得ない事情に迫られて、東京電灯会社の整理、目黒蒲田電車と田園都市の建設から東横電鉄、東横百貨店、それから……私の大臣落第記等々。波乱重畳の檜舞台に跳り出してからの私の運命は？」

自伝のあとがきに記しているが、「回顧談として青春の思い出を語る大阪を偲び、筆にまかせて昭和九年の阪神急行電鉄開業に到るまでの壮年時代の夢物語」を書いた。

そのために、昭和九年以降のレジャー事業の発展については、まったくふれていない。

そこで昭和九年（六一歳）以降、八四歳で亡くなるまでの主な事業については、津金澤聡廣『宝塚戦略―小林一三の生活文化論』を参考にして、追ってみたいと思う。

現在の阪急グループの関連会社は鉄道（六）、バス（七）、タクシー（三）、自動車（四）、海の家、貨物（六）、観光（三）、物産（六）、ショッピング（六）、レストラン（五）、ホテル（一六）、遊園地・リゾット（九）その他など合計すると三〇〇社ということである。

津金澤は、阪急の経営戦略は、サービス産業におけるアイデア商法、いもづる式、大家商法といわれているが、宝塚戦略の視点は以下の三点と指摘する（同書二一～二二頁）。

① 阪急、東宝グループの原点は宝塚にあり、その発展過程で多彩なアイデアがいもづる式に生み出され展開された。

② 宝塚のとらえ方は、点的でなく面的で広域的な視角である。新温泉は、多彩な装置で内面における新しい楽しみと情緒文化基地としての役割を果した。

③ 沿線住宅地の開発、ターミナルデパートを直結し宝塚を拠点とした沿線生活文化圏に拡大させた。

この三つの視点が経営戦略の根底にあって、企業として発展してきたというわけである。小林は、縁があって、発足間もない小さな電鉄会社の経営を任される。この仕事が与えられなければ阪急は生まれてこなかったし、経営者になると、単に電鉄だけの経営を発展させればいいという人ではなかった。乗客を増やすという名目でありとあらゆるアイデアを考えつき実施していく。

・ターミナルデパート

大正九年の開設だが、新設だから、のれんも伝統もないことを活かして「どこの店よりも良いものを安く」をモットーに売上げを伸ばし、食堂をつくって「清潔で、安くて、おいしい」と宣伝した。

・田園都市の開発

大阪に勤務する中流層を対象に「大阪で借家するよりも安い月賦で買える立派な邸宅」と広告し、誰れでも家がもてると販売した。その第一号は池田室町で箕面・桜井住宅、豊中・服部住宅と販売して、総面積一二九三万平方メートルに及んだ。

・沿線への学校誘致

今津線沿線で関西学院、神戸女学院、聖和大学、甲子園大学、今津線沿線以外で追平門、園田、梅花、関西大など実に多い。

・郊外への誘い

新しい観光地をつくり、レジャー空間を創造する。絵葉書をつくり、案内記事を増やした。箕面の滝、秋草の中山寺、加持の清荒神、冬の妙見山、六甲山へのハイキング

・メディアとの協力態勢

・見るスポーツ（私鉄の誘客策と新開地のタイアップ、プロ野球球団の結成、西宮球場の竣工（昭和一二年）。

これらの核となる事業を中心にして、それぞれが関連分野の業種をつなぎ合わせ、連携協力して、前述のように三〇〇社に及ぶ企業をグループとしてかかる発展をしてきたのである。その基礎・土台は、小林がつくったし現在の姿にしていったのは、小林を継承した経営層であることは当然のことと考えられる。

4　小林一三の評価

津金澤の『宝塚戦略―小林一三の生活文化論』にはいろいろの読み方があるだろうが、私は以下の三点をとくに重視して学ばせてもらった。

一つは、独立独行の精神と共存共栄の理念である。前者の福沢諭吉以来の慶応義塾の流れであり、小林は、当然のことだがしっかりと受け止め行動指針とした。後者の共存共栄は「利益の三分主義」の考え方に基づいている。資本家（株主）、社員、乗客（利用者）の三者が皆利益を分かちあうことが強調されている。

共存共栄の理念は、社会政策の大家である安部磯雄の思想に負う所が大きいように思われる。「資本主義の短所を取り除き新しい組織と経営によって幸福なる社会をつくる」というのは、安部の考えからの影響が強い（同書一三二頁）。

二つは、大衆芸能の地位を引き上げることに貢献したことであろう。津金澤は次のように書いている。「明治以来、大衆芸能は水商売と呼ばれて、軽視されてきた。小林は、そうした偏見に向かった最初の実業家ともいえ、日本人の余暇・娯楽といった生活領域を事業として再編することにも成功し、とりわけ都市娯楽の新しいスタイルを生み出し日常化した」（同書一五五頁）。

小林の大衆娯楽論は、大衆本位、家庭本位、娯楽本位でとくに家庭本位の娯楽、つまり家族で楽しむことが重視されている。小林のつくった大劇場歌劇、ファミリーランド、新温泉などはすべて、この思想によってつくられている。たとえば、娯楽の集積された盛り場は、東京では浅草しかなかった。浅草は昔から独身男性の盛り場で家族で行ける場所ではなかったが、小林のつくった日比谷、丸ノ内の娯楽場は、家庭本位の明るく健全なレジャー空間がめざされた。
三つは、新しいレジャー文化、都市文化の創造である。この考え方を引用してみたい（同書一七二頁）。

「これらもすべてレジャー産業経営者としての発想そのものであるが、都市のつくりかえを、観光という余暇行動の視点からいかに伝統を保存し、しかも近代合理主義の下に新しく活かしてゆくかという方向でとらえている。「文化国家」建設のための観光都市の開発が主眼だが、そこでも常に自然と都市との調和、そして伝統の保持と革新が強調されている。」

この考え方は、東京においては日比谷丸ノ内の映画、劇場空間の問題であり、大阪では大阪改造プランとして出された。観光都市として、大阪城を改築し、天守閣のなかにミュージアムを入れる、京都については平安期と室町時代の維持、保存に力をいれ、東山から西山へぐるっと洛外を通る観光ルートの開発を呼びかけている。

いま見直すべき小林の企業経営の精神について、津会澤は次のようにまとめている（同書二〇四頁）。

「小林一三がユニークで信念のある実業家であったのは、そのメセナ的先駆者としての行き方にある。遂には目先の損得抜きに宝塚歌劇の育成に没頭したことが、結果としていかに阪急・東宝グループの成長に大きな力となったことか。それが、今日多くの人に忘れ去られている。阪急・東宝グループにとって、いまや宝塚歌劇の維持発展こそ企業グループの要（かなめ）という自覚の共有が鍵となろう。つまり、生活文化情報産業としての旗じるしが、いま改めて問われる段階に入ったともいえる。」

これからの日本を発展させてゆくために、小林の提唱した田園都市国家、労使協調の共存共栄、議論する暇があったらまず働けという労働の重視など、学ぶべきことは多い。志をもった企業経営が強調されている。

小林の評価について、津金澤は以上のように、日本のレジャー事業の基礎をつくった人と評価している。小林の経営手法が東京では東急、西武、東武など大手私鉄の経営に取り入れられて各社はレジャー事業を開発していった。小林がいなければ、別の方向に動いたが、また、開発したとしても、かなり遅れたことはまちがいない。

小林の評価について、上智大学名誉教授で評論家の渡部昇一は、次の三点をあげている（小林一三研究室編『小林一三―発想力で勝負するプロの教え』アスペクト、平成二〇年、九頁）。

小林一三成功の三条件

①『上に立つ力』　幼少から人の上に立つ経験をしてきたことで、どんな場面でも物おじすることのない性格が形成された。特に、権威に対して敢然と立ち向かう勇気も持ち合わせていた。

②『想像力』　小説家を目指した文学的素養が、イメージを作る力を育てた。自分が理想とする明確なイメージを元に、ビジネスを展開するため、終始軸がぶれることはなかった。

③『忍耐力』　不遇な銀行員時代に、耐えることを学ぶ。目的を達成するまでは、あらゆることにがまんを重ね、問題が解決するまで粘り強く取り組むことができた。

建築家の安藤忠雄は、次のように語っている（同書一六頁）。

「とにかく一三は、先見性のある人でした。アイデアを持ち、それを実現させる実行力を備え、そのうえで商才もある。勝負勘を持っていたといえるでしょう。しかし、その根底に流れていたのは、人に対する愛情でした。アイデアは、人々がよりよい暮らしを実現するためのもので、『こうなったら楽しいだろうなぁ』という夢を持っていたのでしょう。夢は実現するまでによく膨ませておく必要があります。そこまでには多くの苦労を重ねなくてはならないでしょう。彼にはそれを耐えるだけの胆力もありました。だからこそ、やり遂げられたのです。」

安藤によると、小林はビジネスを通して「文化の下地」をつくり、商いというものを売り上げと利益だけでなく、仕事を通して自分を表現することと考えていた。小林は、よく働きよく遊び楽しい生活を送れる環境をより多くの人に届けたかったのではないかともいっている。レジャー事業が、「失われた二〇年」のなかで新しい方向性が見いだせない状況の打破に、小林一三の研究が必要ではないかと痛感する。

三　清水幾太郎の余暇論

清水幾太郎（一九〇七〜一九八八）は、戦後を代表する社会学者であるとともに、評論家としても著名であった。追求したテーマは多岐にわたり、幅広い分野にわたっている。数多い社会学者のなかでは、最も早くレジャーの重要性を認識し、レジャー論を執筆した人であろう（『現代思想　上下』岩波書店、一九六六年）。

その後、一九六八〜七〇年まで何本かのレジャーに関する論文を書いているが、レジャーに取り組んだのは昭和四〇年代の出来事で、その後マスコミ、戦後史、安保、国家の問題などに移っていた。この意味でレジャーへの発言は、短く限定的なものであるが、わが国の戦後のレジャー論で貴重な発言をした人として取り上げてみることにした。

1　人となりと著作

清水家は代々武家であったが、明治になって失職し、父の代で日本橋区に移住して小商店をはじめた。経済的には厳しい生活であったが、明治四〇（一九〇七）年生まれの幾太郎を医者にさせたいということで大正一〇年、独逸学協会中学校に入学させた。一四年に東京高校に入学、昭和三（一九二八）年に東京大学文学部社会学科に入学した。昭和六年に同大を卒業し、卒論として、「オーギュスト・コント」を執筆し、その一部が岩波書店発行の『思想』に掲載された。

卒業後は、昭和八年に結婚するが、定職にはつかずに翻訳、原稿執筆によって生活を支えた。一三年には、朝日新聞専属のライターとなった。一七年、陸軍徴員としてビルマに派遣されて終戦を迎えた。敗戦後の二〇年に岩波書店の吉野源三郎の依頼によって、雑誌『世界』の創刊に参加し、海外文化担当嘱託に就任した。二一年、大河内一男らと財団法人二〇世紀研究所を設立。前年、ユネスコの会を安倍能成（学習院院長）、大内兵衛、仁科芳雄らとつくる。

昭和二四年、学習院大学教授（社会学担当）に就任（四一歳）。三五年、安保改定阻止闘争に参加し、全学連（香山会長）主流派と行動を共にする。闘争敗北後、勉強の生活に入る。「現代思想研究」を組織して、四一年『現代思想　上下』を「岩波全書」のシリーズとして出版する（五九歳）。

昭和四四年、学習院大学を退職し、評論家として執筆生活に入った（六一歳）。六三年に心臓の異常で慶応大学病院に入院。、同年死亡（八一歳）。八〇年の人生のなかで大学卒業後、若くして翻訳と評論の文筆で生活を支える生活が長く、大学教授として職に就いたのは四一〜六一歳までの二〇年間で、晩年も元の執筆による生活に戻っている。大学教授としての仕事よりも執筆中心の生活をした人である。

清水の執筆内容は、後々にみるように多岐にわたるジャンルで、まことに幅広い、自分のテーマをもって、それを掘り下げていくという姿勢ではなく、出版社・雑誌社からの求めに応じて依頼原稿を書いていくというタイプである。著作について、年を追って列記してみることにしたい。

一九三六（昭和一一）年　『日本文化形態論』サイレン社（二九歳）
一九三八（昭和一三）年　ジンメル『断章』岩波書店　翻訳
一九四〇（昭和一五）年　『社会的人間論』河出書房
一九六六（昭和四一）年　『現代思想　上下』岩波書店（五九歳）
一九七〇（昭和四五）年　R・カイヨワ『遊びと人間』共訳　岩波書店
一九七三（昭和四八）年　翻訳全集『現代思想』全一〇巻　ダイヤモンド社
一九七七（昭和五二）年　『オーギュスト・コント』岩波書店
一九八〇（昭和五五）年　『日本よ国家たれ』（共著）自費出版
一九八二（昭和五七）年　『現代史の旅』文芸春秋
一九八六（昭和六一）年　最後の著作『私の社会学者たち』筑摩書房（七七歳）

数多い著作のなかから余暇（レジャー）に関連するものを選びだすと、以下のようなリストを作成することができた。

『現代思想 下巻』第三章三節　レジャー（三六四〜三九七頁）岩波全書　一九六六年
大衆娯楽について『思想』一九五一（昭和二六）年八月
レジャー時代に耐えうる人間『教育ジャーナル』一九六八（昭和四三）年五月
余暇時代と人間『潮』一九六九（昭和四四）年五月
来るべき社会の主役は何か『諸君』一九六九（昭和四四）年一〇月
自由時間をどう埋める『菱和』一九七〇（昭和四五）年九月
テレビジョンの功罪『マスレジャー叢書一』紀伊国屋書店　一九六一（昭和三六）年

清水に関する評価、書評の主なるものをリスト化してみた。

藤竹暁「清水幾太郎の業績とその思想」『社会学評論』一九九〇年
藤竹暁「追悼　清水幾太郎」『社会学評論』一九九〇年
川合隆男、竹村英樹『近代社会学者小伝』勁草書房　一九九八年

2　レジャー時代の到来

清水の余暇論が最も体系的に論じられているのは、一九六六（昭和四一）年刊行の『現代思想 下

巻』である。この著作は、三三歳の清水が『社会的人間論』を出して以後、陸軍の徴員として戦地に出て、その後敗戦を迎え、戦後の民主化、安保にかかる政治闘争をくぐって、二六年間の歳月が経過し、五九歳になったときに出された。

大学卒業後すぐに文筆生活一本に入った人が執筆者として長いブランクを耐えて復活した最初の著作のもつ意味は大きいであろう。『現代思想』は、上巻で一九世紀の大思想大系（社会主義、ナチズム、ニヒリズムなど）が崩壊したことを描き、下巻で一九六〇年代の思想状況として、インダストリアリズム、電子計算機、レジャーが登場したことを指摘する。

なかでも、レジャーの登場を特出大書している。前半では、レジャー時代の調査研究の成果をレヴューする（同書三六四～三六六頁）。

一九五六年　ユネスコ援助ヨーロッパ一一カ国「レジャー比較調査」

一九五七年　ド・ジュモン「レジャー時代始まる」

一九五八年　「マスレジャー」　レジャー論四〇本

一九五九年　フランスのカトリック系雑誌『エスプリ』レジャー特集号

労働時間の短縮とレジャー時間の増加現象についての見解を次のように書いている（同書三六六頁）。

「レジャーの着実な増加というのは、人間が地上に現われて以来、終始、生活と行動と思考との絶対的前提であった労働の影が次第に薄くなるということである。それを憎み、それを呪いはしたものの、憎まれつつ、呪われつつ、労働は人間生活の前提であり、その圧力の下に人間は自己を確かめて来たのである。その相手が小さくなり、弱くなるというのは、人間が無重力状態に入り込むということである。その準備を誰も整えてはいない。」

著者の考えに対して私の見解は、レジャーの増大に対して、人々は何の用意もしていない、人間は労働の足かせがなくなって、心の寄り所、立脚点を失って、「無重力状態」と表現している著者の四〇年前の論評は現時点でみるに、かなりオーバーな表現にみえる。多くの人々は労働とレジャーを上手につかまえて生活を楽しんでいる。しかし、老いも若きもレジャーの表面的充足状態で深い解釈や実践はできていない。

歴史をふり返ると、著者の指摘するように、レジャーは古代ギリシャにおいては積極的な評価を受けていた（同書三六六頁）。たとえば、アリストテレスは次のように書いている。

「人生の目的は理論的知識、幸福、レジャーの三つであった。これらのうち、レジャーは他の二者を達成するための条件であるにとどまらず、それ自身無私の関心の満足であり、人生究極のゴールであった」

アリストテレスのいうように、レジャーは古代から中世にかけて、聖職者、学者、軍人など少数者のもので、多くの農民のものではなかった。しかし、一九六〇年代以降、大衆が所有するものになって、マスとレジャーが結びついた。レジャーの浸透とともに労働が変質し、自然とともに有機的な営みから科学の発展によって工場内労働、夜間労働、機械労働が一般的となった。労働は神への奉仕という神聖さが失われた。

相次ぐ技術革新によって、労働時間は短縮したが、レジャー時代の到来に対して、レジャーを円滑に使えないということで、レジャーに対して無防備な人間になってしまった。このことに対して清水は、次のように述べている（同署三七四〜三七五頁）。

「仕事から解放された自由時間としてのレジャーは、もう疲労だけが住み得る短い空白の時間ではない。明日の労働の準備としての第二次的な時間でもない。それは、労働時間よりも長く、労働時間から独立名、独自のエネルギーに満ちた、自由で積極的な時間である。古いイデオロギーが何を説こうと、現代の人間は、この刻々に増して行く時間を処理しなければならない。」

次に清水は、レジャーの予言者として、以下の学者たちの説を引用している（同書三七五〜三八二頁）。

（1）　ポール・ラファルグ『怠ける権利』一八八三年
勤労精神という妄想、聖職者、支配者たち、一日三時間労働

（2）　ベルンシュタイン「イギリスの工場労働者の生活」一八九八年
工場外の生活の増大　特にスポーツ、レクの活発化

（3）　ケインズ『孫たちの時代の経済的可能性』一九三〇年
経済問題は永遠の問題ではない。人間にとって永遠の問題になるのは、レジャーをいかに満たすか、幸せに活かすのか問題と指摘。人の寄って立つ大地、伝統的風習が失われ何に専念したらいいかわからない。

（4）　マティニュ協定　フランス人民戦線　一九三六年
有給休暇、週四〇時間労働、バカンス、「労働者がお役人になった」、特権の獲得
ヒットラーも抜け目なく同じことをやった（失業対策、完全雇用、時短）

(5)　第二のリアリティ

マルクス主義「飢餓に苦しむ大衆を革命的行動に駆り立て、つぎに生産主義者に仕立てた」

インダストリアリズム「消費財のメーカーは商品と欲求を一組のものとして売り出して操作可能な客体にする」

これらの所説は、時代の進行とともにレジャーの拡大、人間の価値観が労働重視からレジャー重視へ転換していることを説くものである。これらの一つのエポックとして彼は、カイヨワを引用している。

3　第二のリアリティとは

カイヨワは、遊戯の世界が労働の世界から独立してきたと、遊戯の意義を強調する（同書三八七～三八九頁）。

「第一に、遊戯が子供による独占から解放されるようになったのは、労働時間の短縮という事実による。労働時間が長く、僅かのレジャー時間を占拠するものが疲労だけである時代には、遊戯は専ら子供の生活に属するほかはなかった。増大したレジャー時間が或るエネルギーを含むに至って、成人は遊戯の世界を持つことが出来る。喜びを生む自由で非生産的な活動としての遊戯が、時間としてのレジャーの重要な内容になる。」

遊戯の四つのカテゴリー（agon, alea, mimicry, ilinx）

①agon　訓練による自己の錬磨が後の勝利を保証する。速さ、腕力、技術などの競争。
②alea　賭事。人間の努力と関係ない偶然が勝利を決定する。
③mimicry　人間が現実の自分であることを止めて仮葬によって他のものになる。
④ilinx　日常的な知覚や意識の秩序を破壊して非現実的な陶酔とエクスタシー、めまいの世界に浸行とする。

「カイヨワは、遊戯の世界を〈第二のリアリティ〉と名づける。それなら、努力と偶然とが相混じた現実の労働の生活は〈第一のリアリティ〉であろう。労働時間が減少し、レジャー時間が増加するというのは、人間生活の中で第一のリアリティが縮小し、第二のリアリティが拡大するということである。

　レジャー時間の増加のテンポ、従って、第二のリアリティの拡大のテンポは、今後、かなり速くなるように思われる。テンポを速める上で重要な働きをすると考えられるのは、エレクトロニックスおよびプラスティックスの発展である。」

現代社会は、カイヨワの予言したとおり、産業用のロボットと個人用のパソコンの時代になった。情報処理技術の進歩はレジャーの増加のテンポを高めた。その結果、知能指数の高い少数者が昼夜の別なく働いて、知能指数の低い多数者がレジャーの生活を保障される。

　これらの記述は、米国のワーカ・ホリックと呼ばれる人たちが、会社での職階は高く、報酬もすこぶる多いのに、全従業員のなかで最も早く出勤し、夜も遅くまで働き、短命で終わることが報告されている。わが国も近年、パート、アルバイトなど非正規雇用が増大したために、フルタイムと呼ばれる正規雇用者が長時間労働に明け暮れて、レジャーが少なくなっている。

　このことは、ゲイバーは一九六〇年代に予言したわけだが、五〇年たって正しい予言であったことが証明される。多くのレジャー時間を手にしてしまった人間は、どうしたらよいのかを清水は、次のように問いかける（同書三九三頁）。


　「有史以来の新しい状況が、我々に全く新しい問題を突きつけ、我々に新しい人間たることを求めている。何もしないでよい、何をしてもよい時間に、いかにして我々は堪え得るか。しかし、堪えるというのは、どういう意味であるか、そもそも、堪える必要があるのか、それさえ明らかになってはいない。それでも、やがて、レジャーに堪える方法の学習が科学技術の学習と並んで、教育の大きな内容にならねばならぬであろう。」


　私なりの見解を述べてみた。

　清水の考える余暇論は、これまでみてきたように先人の思想を紹介し敷衍《ふえん》する内容であった。オリジナルとして、カイヨアの遊び論からヒントを得て「第二のリアリティ」という概念を考えて、労働の第一のリアリティと対峙させた。

　もう一つのオリジナリティは、引用の部分で知能の高い少数の人間がすべての労働を担当し、多数者はレジャー階級になるという指摘である。だが、この構造は、アメリカでも日本でも二一世紀に入ると崩壊してきている。この点は予想はずれという感じもする。中間階層の崩壊（セカンドジョブ、サードジョブ、プアーホワイト）は、レジャーの問題に深刻な影響を与えている。

　ここで清水は、次のような提案を行っている（同書三九六〜三九七頁）。

「何もしないでよいと同時に、何をしてもよい時間というのは、要するに、孤独な人間が自ら内容を与え、自ら支えていなければならぬ時間、人間の側の緊張と努力とが少しでも緩めば、確実に死へ向かって流れるほかのない時間である。時間は、歴史法則が実現に近づく過程や、宇宙のエントロピーが増加する過程である。構成されないレジャーには、死という到達点しかない。」レジャーの増加は、かつて第一のリアリティにおける宗教が第二のリアリティにおける新しい意味を回復させるという。ここでパスカルが引用されている（同書三九七頁）。

「我々の悲惨を慰めてくれる唯一のものは、気晴らしである。しかし、気晴らしは、我々の悲惨のうちの最大のものである。」「倦怠─パッションもなく、仕事もなく、気晴らしもなく、目標もない完全な休息の中にいることほど、人間にとって堪え難いものはない。その時、彼は、自分の空しさ、自分の孤独、自分の力なさ、自分の頼りなさ、自分の弱さ、自分の空虚を感じる。」

私も数学者であったパスカルが、賭事が好きで賭事の研究に熱心で法則性を導いたことを調べて書いたことがある（拙著『西洋余暇思想史』世界思想社、二〇〇八年、六八～七〇頁）。

清水は、最後にレジャーの究極的な問題性を投げかけただけで終わっている。たしかに、多くの高齢者の日常がこういう状態になっていないだろうか。私としては少しでも、高齢者の生きがいのためにレジャーが有効に活用される方策を探っていかなければと思っている。問題は高齢者だけでなく、若者・成人についても当てはまる人が増えている。

4　レジャー研究の将来

『現代思想　上下』（一九六六年）を発行後、清水は昭和四四年に「来るべき社会の主役は何か」を『諸君』一〇月号に執筆した。この論文は、次の時代で最も時代を牽引する言葉は何かという問題への回答として出している。

それは、エレクトロニクス、原子力、オートメーション、情報、宇宙などたくさん考えられるが、やはり一つだけ選ぶとしたら、レジャーであろうと述べている。とくに、人間への関心という、フランスの学芸の伝統がレジャーを重視していると解釈する。レジャーの重視される理由を二つ揚げる（同書五七頁）。

一つは、レジャーが科学技術の発展によって労働時間が短縮され、疲労の回復だけでなく、人間の可能性を実現するために自由に使うことのできる時間になった。

二つ目の意味は、次のように述べられている（同書五七～五八頁）。

「しかし、第二に、それを祝福することが重要なのではありません。なぜなら、レジャーが殖えるに従って、人間は、特に大衆は、労働を中心とする古来の生活の軌道から投げ出されてしまうからです。私たちの美徳のうち、労働における美徳でなかったものが幾つあるでしょうか。労働における美徳は、そのままレジャーにおける美徳なのでしょうか。それとも、レジャーには、レジャー独特の道徳があるのでしょうか。あるとしたら、それは、どういうものでしょうか。つまり、行き方の問題です。」

次にレジャー時間の使い方について、受動的な方法と能動的な方法を比較している。前者は、テレビを見るといった享受型であるのに対して、後者は、日曜大工・庭仕事に代表されるように、積極的活動型である。

たとえば、テレビを見ることから庭仕事への変化は、人間の可能性を実現すると考えるならば、そうかも知れないが、高度化という場合、一定の規範が必要になるともいっている（同書六〇頁）。

一九六七年にベルギーで『レジャー文明』という本が出版された。この本は、ヨーロッパを代表する学者一五人が書いた論文が収められている。レジャー文明という言葉が使われているが、内容は、文化の問題が論じられている代表論文であるルーヴァン大学のジャン・ラルー授業は、次のように文明と文化の問題を説いている（同書六二頁）。

「文明を築いてきたものは労働であり、文明の軸になるものは科学技術であるが、これに対して、文化はレジャーから生まれ、そこには人間の全体が生きている、というような趣旨を述べていたと思います。（中略）文明が科学技術を中心として見られた人間の活動や成果であるのに対して、文化というのは、それだけでなく、人間生活の全要素の有機的統一体を現わしています。文化は、科学技術のような知的なものだけでなく、神話や宗教や技術、要するに、人間から離れることのない非合理的なものを含んでいます。」

文明と文化の相違について、清水は、「文明は世界的であるのに対して、文化はある国土に生きる人間の群、彼らが形作る民族や国家と一緒でないと考えることは出来ない。文化には国籍がある。文明には半ばオートマティックに未来へ向かって進んで行くという身軽なところがるが、文化は、いつでも重たい過去をひきずっている。」と述べている。

清水は、レジャー学者は新しい文化のデザインの必要性を論じはじめていることと、新しい文化の計画を論じている。西欧諸国は、それを開始していると指摘する（同書六二頁）。

清水の指摘のとおり、西欧諸国は協調して、一九七三年に第一回世界余暇憲章会議をベルギーのブラッセルで開催した。主催は、ベルギーの有力なバン・クレ財団で、国連、ユネスコ、フランス政府、オランダ政府が後援している。

テーマとして、「工業化社会におけるレジャー活動」が掲げられて、増大する余暇に対して多くの専門的な観点から多面的に接近し、各国の実情にあった形で具体的方針を示唆した。この大会に一八カ国、一二〇〇名が参加した（拙著『余暇の社会学』文和書房、昭和五二年、二三一頁）。

第二会大会が、ブラッセルで開催された。テーマは、「自由時間と自己実現」で、招待を受けたので、参加させてもらった。二五カ国、一四〇〇名の研究者、実践団体、余暇行政の担当者が集まった。余暇問題への関心は、六〇年、七〇年代に最も活発化し、その後、西欧諸国間で下降していった。清水の考察は、このことを論評することはなかった。

四　大河内一男の『余暇のすすめ』

大河内一男は、明治三八年に東京に生まれ、東京大学経済学部を卒業して、そのまま、経済学部の教授を経て、総長も経験した。卒業式の訓辞で「太ったブタになるよりも、やせたソクラテスになれ」とスピーチして話題になった。もともと社会政策、労働政策を専門にした人である。

その人がなぜ、いきなり「余暇論」を書いたかは、不思議な感じがするが「まえがき」には、次のように述べられている。

「この小著には『余暇のすすめ』という題がつけられている。けれども私は、余暇を無条件に謳歌し、余暇と名がつけば何にでも殺到する昨今の余暇を読者にすすめるつもりは毛頭ない。むしろ、余暇とは、ほんらい何であるのか、そしてどうなければならないのかについて、いまどきの余暇ボケした人々やそれを煽りたてている余暇企業や格好いいことに憂身をやつしている評家にいささか苦言を呈したいと思っている。今日の余暇は、人間をけだものにも追い込むことができるし、また人間をほんとうに人間らしくすることも出来る。」

題名に『余暇のすすめ』としたのは、福沢諭吉の『学問のすすめ』にヒントを得たと語り、安息日として意義をもっていた余暇が、自己目的化し、仕事への忌避に変わってきている。「この情況から脱け出すにはどうしたらいいか、余暇について考えてみたいと思った」というのが執筆の動機であると書いている。私がこの本を取り上げようと思ったのは、一つは、労働問題の専門家が余暇をどうとらえるのかを知りたいと思ったことと、二つは執筆時が昭和四九年というオイルショックの直後に注目した。昭和三〇年代後半から四八年までつづいた産業の高度経済成長が終わって、低成長経済に移り、人々の意識が外向きから内向きに変化し、生活の充実が求められた。この時期の余暇論を知っておきたいと思ったためである。

1　余暇の定義

第一話　日本人は働きもの、第二話　余暇の周辺は、広い意味の余暇の定義についての論題である。前者では、働きものというキーワードを使って労働者のくらしに関する歴史をつづっている。江戸時代に農民は、小作料四～五割を取られて、長時間働かない限り生活ができなかった。

そのために、「田毎の月」「千枚田」に代表されるように、農民は働いた。明治・大正になると、工場に機械が導入されて、職人、訓練士が力をもつようになった。労働者は、転職することによって給料が上昇した（同書二三頁）。

工場側は、あまり転職されると困るので、定着させるために優遇策を導入した。一〇年間働けば、三〇〇円ないし四〇〇円の下賜金を出すことにした。それでも、多くの熟練士は転職していったようである。これが昭和恐慌以後、転職はまったく姿を消して、渡り歩く労働者でなく、移動できない状態で我慢をつづける労働者に変わっていく。再び日本人は、いや応なしに働きものにならざるを得ないと大河内は述べている（同書二四頁）。

第二話　余暇の周辺では、「その一　余暇のさまざま」で余暇について所感を述べる。まず、余暇とレジャーのちがいについて、次のように書いている（同書二六～二七頁）。

「余暇」閑暇、働かないでいる時間、消極的な語感、しかし、近年は積極的な内容にしていく方向が出てきている。

「レジャー」積極的に何かをしたり、行動する言葉。

その二　余暇の条件　――賃銀と住居

余暇の定義づけについて、次の言葉を引用しておきたい（同書二九頁）。

「余暇を考える場合に、余暇の理念だけが宙にふわふわ漂っているというようなことはないので、余暇が本当に積極的な意味でエンジョイされるとか、余暇の人間的効用が発揮されるためには、それに応じた社会的な条件が整っていなければなりません。」

金銭の裏づけのない余暇は、「空の余暇」であり、「怠け者の余暇」と断じている。「余暇支出」のない余暇は、余暇ではないと主張するのは、さすがに経済学者の所論で、実際には、出費をともなわない余暇の過ごし方はいくらでもある。彼の専門性と昭和四九年刊行という時代背景に金を出費しないボランティア活動や社会貢献活動など社会参加は、彼の念頭にはなかったのである。

住居については、西洋人の場合、余暇の基本的場所は家庭であるから、一定の面積が必要であり、個室が前提になっている。しかし、日本の場合は、面積は小さく、個人の過ごす場などは家庭内には存在しない。余暇は家族と一緒に家庭では過ごせない。日本人は休日になったら、バスや電車に乗ったり、マイカーを買って、家の外に出かける以外に方法がない。

その三　老齢と余暇（三三～三七頁）

「大体五十の声を聞く頃には、職業的な技能もほとんど峠を越えて腕がもう駄目になってしまっている、若い者にとてもついて行けないという歎を洩らす年齢ですが、その頃には彼の肉体的寿命もほとんど燃え尽きてしまっている、こう考えますと、職業上の人生がそろそろ終わりに近づく頃には、肉体的な寿命も終わりになる、その意味から考えれば、「人生わずか五十年」というのは大変きりのいい平仄（ひょうそく）の合った人間の生き方だとも言えました。ですから必ずしも戦前の日本人は短命だったことを悲しむ必要はないかもしれません。」

当時、日本人の平均寿命は二〇年伸びてきた（男性六九歳、女性七四歳）が、退職年は五五歳のままなので、年金のもらえる六〇歳まで五年間をどうするかが問題である。昔のように、「悠々自適」「晴耕雨読」とはいかない。ここで発生する問題について、彼は、次のように心配する（同書三六―三七頁）

「従ってこのような制度上の欠落をそのままにしておいて、ただ時間的な余暇さえあればいい、定年年齢をいくらか延長しておけばそれで充分だというような安直な考え方で、余暇というものをもっぱら時間の問題、働かないでいる時間の問題としてだけ考えるような現状は、余暇を死んだものにしてしまうことであり、人間を少しも仕合わせにしないのみか、老齢余暇を重荷にし、暗いものにし、耐えがたいものにしないだろうかと私は案じているのです。」

ちなみに本書で、高齢者の余暇についての考察は、きわめて少なく、真正面から書いているのは、この部分だけであることをことわっておきたい。

その四　余暇社会は可能か（同書三七～四一頁）

この点については、彼は歴史上みると、古代ギリシアの市民は一〇〇％労働から解放されていて、余暇を使って、哲学、芸術、スポーツを行った。日本では、古代に王朝文化が開花した。両者とも、奴隷という労働者がすべての労働を支えており、それなしに文化は創造されないと語っている。

その五　余暇社会は可能か（同書四三―四五頁）

その二　余暇の下支えのない場合は、文化は開花しない事例として、一九世紀のイギリスのユトービアン社会企業者ロバート・オーエンを出している。
オーエンの理想主義を信じて、九〇〇人が米国のインディアナ州に移住したが、一年間も生活できなかった。その理由は、労働を支える人がほとんど存在しなかったためと語っている。ここでも、大河内は労働の下支えのない余暇や生活の充実はあり得ないということを強調している。

2　労働時間の短縮

大河内の余暇論のかなりの部分が労働時間の短縮を論議している。目次でいうと、第三話　時間短縮の思想、第四話　十八世紀の余暇、第七話　週休二日と週三日か時短の問題を扱ってる。第三話時間短縮の思想からみていくことにしたい。

ここでは、一九世紀に入って、第二次世界大戦までの時間短縮について解説的な文章がつづられている。労働時間短縮の歴史について年表的に要約してみた（本書四八頁〜五四頁）。

一八〇二年　世界で最初の時間短縮の労働立法（イギリス）労働時間の一二時間に短縮
一八四五年　エンゲルス『イギリスにおける労働者階級の状態』保守党によって一〇時間法
一八四八年　マルクス『共産党宣言』
一九一八年　ヴェルサイユ条約　八時間労働
一九一九年　ＩＬＯ（国際労働機構）第一回　国際労働会議、ＩＬＯ条約第一号で八時間制決定
一九四五年　日本は労働基準法の制定で、ＩＬＯ条約第一号を認定

労働時間の短縮について、主な出来事を西洋と日本で要約してみたが、労働と余暇の理想の姿は、

どう考えたらいいかの大河内の所感は、次のような記述である（同書五三頁）。

「時間の短縮にせよ、休日の増加にせよ、休暇の幅の拡大にせよ、いずれかの形での余暇の造出が今後進行することは確かでしょうが、それなら余暇が拡大された極限はいったい何であろうか、あるいはどこまで拡大されれば、それ以上拡大しなくてもいいのだというような何か線がひけるのか。あるいは人間の生活の理想として、「苦痛」である労働は一切なく、すべての生産がボタン一つで自動的に行なわれ、自動的に生産物が配給されるような余暇型社会が近づいてくることが予見されるのかどうか、はなはだ疑問です。所詮人間は日々働くことによってわずかばかりの余暇をつくり出すのが宿命なのではありませんか。」

結論は、「所詮人間は日々働くことによってわずかばかりの余暇をつくり出すのが宿命ではないか」と語るのである。したがって、「何もしないで賃銀だけもらって遊んでいるのは人間として耐えられない」とも述べる。

第二次世界大戦後、技術革新によって、オートメーション化、コンピューター化が導入されて仕事の進め方が大きく変わった。技術革新によって労働時間は短縮されたが、自分が仕事をしているという実感が消えてしまっている。人間不在の労働であり、人間疎外の状況になった。大河内はこうした状態が、欧米では労働者の時短要求が強くなってきたと解釈している。

旧工場法と時間短縮この点については、日本の時短がどう進んだかを詳しく描いている。以下では簡潔に要約してみた（同書六五～七三頁）。

明治一四年　農商務省「職工条例集」

三六年　農商務省「職工事情」調査報告書　一二時間二交替制（紡績工場）
　　四四年　工場法
大正　五年　工場法施行令
昭和　四年　深夜業禁止令
戦前の日本では、時間の短縮が正面から話題になることはほとんどなかった。
第四話　十八世紀の余暇は、重商主義の労働観、十八世紀の大衆娯楽、怠けものとしての労働者の三つのテーマについて考察している。重商主義の労働観は、時間の短縮などほとんど問題にならないで、むしろ働く時間を長くするというものであった。その理由は、労働者を安賃銀で長く働かせて怠けさせないためである。
十八世紀の大衆娯楽は、当時の労働者がいかに働かないを詳しく描いている（同書八二―八三頁）。
・天気がいいと競馬にいってしまう
・ひまさえあれば、酒を飲むかギャンブルをやっている
・機械から離れて居眠りをする
この時代の労働者は、とにかく働かない。彼らを働かせるには、低賃銀にして、長時間働かないと食えないようにするしかないというのが労働立法の思想であった。

これが一九世紀に入ると、労働時間を短縮させて、余暇を増やさないといけないと変化する。その理由について、大河内は中産階級の台頭と説明する。この人たちは、労働者階級とちがって、賃銀をもらうと、その金がある間は工場にやってこないという人たちではない。この人たちは、工場では、

事務、管理を仕事とするホワイトカラーで、弁護士、医師、貿易商、など自由職業の人が急激に増加し、政治的にも発言力を増していった。

3　これからの余暇問題

これからの余暇問題について考察しているのは、第五話　日本人の余暇、余暇の戒め、エピローグである。第五話その一　余暇思想の芽生えでは、「第二次大戦後、日本人の余暇についての考え方は、働かないでいい時間という受身的な考え方は大きく変わった」（同書九二頁）ととらえている。

しかし、ここでも、やはり専門の労働時間の推移の記述が目立って多く、ILP、一九六二年の「労働時間の短縮に関する勧告（一一六号）を受けるが週四〇時間、週休二日制は、目標値として受けただけでこの時期の実施は、とうていできていない「余暇思想の芽生え」といっておきながら、正確にみると、まだ、芽生えはできていないのではないかと思える。

その二　日本的余暇というもの

ここで強調されていることは、一つは、日本人が人間的欲求でなく、一種の播き立てられた余暇ブームというわびしい余暇であり、二つは、余暇そのものが日本人の生活から遊離しているということである。これは、日常生活のなかで余暇を家のなかで過ごせないことに帰因している。

前述のわびしい余暇というい い方はわかりにくいが、余暇に主体性がないという表現ならば理解できる。主体性が乏しいから、レジャー企業のいいなりになってしまって、規格化されたパッケージを買って、それでよいと思い込んでしまっていることを指摘している。

その三　西洋人の余暇

以上のような日本人の余暇に比べて、西洋人の余暇は、日常生活と結びついていて、生活に密着であり、豊かで快適な余暇を過ごしていると高く評価する。はたして、そうだろうかという疑問をもたないわけにはいかない。

その四　何のための余暇か

西洋人にとっては、労働という苦痛をできるだけ避けて、快楽という余暇をできるだけ大きくすることが人生の目的となっている。技術の進歩によって、それでは、余暇が増大の一途をたどった場合、余暇は何をめざすかが問題である。このことは、大河内は推理していない。

第六話　余暇の戒め

その一　余暇をささえるもの（同書一一六～一一八頁）

「余暇は、人間の生活にとって最上の目標、労働はそのための止むを得ない手段」という考え方は、著者の一環した論理である。ただ、これを実現するためには、個人的条件と社会的条件の整備が不可欠であると指摘する。

個人的条件としては、賃銀（余暇費用）、社会的条件としては、公費の施設、企業や労働組合の施設を重視する。

その二　二つの余暇論議（同書一二八―一三四頁）

これは余暇の解釈として、一つは余暇は余暇そのためにある、二つは何か別の他のもののためにあると二つある。著者は、西洋人の思想に従って、よき労働をもたらすためにあると随所で解釈している。したがって、前者についての考察はあまりなされないで、後者の問題をめぐって考えが多く語られる。ここでふたたび、労働時間の短縮のことが長々とくり返されて論議される。

その三　個人と社会を結ぶもの（同書一三四〜一四〇頁）

敗戦後三〇年近くが過ぎ、経済大国になりきった日本は、「余暇爆発が日本列島に渦をまいている」と書いている。これを支えているのは、経済成長で、余暇をつくり出す社会の労働のメカニズムが順調に働いている証拠である。要するに、ここでも労働重視が強く出ている。

その四　余暇の陥穽

そのほかに書かれるテーマとして、次の文は高齢者のことを述べているので、引用してみることにした（同書一四一頁）。

「たとえ労働能力が貧弱になり低下してしまった老齢者であっても、老齢者は老齢者なりに自分に残された、あるいは古くさくなったエネルギーや技能をできるだけ活用し、またそれが生かされる場所を与えられながら、ささやかでも自分の仕事を社会に対して提供することによって、そのパイプを通して、はじめて彼は自分という一人の人間が広い社会にともかく結びついているのだという意識をもつのであり、この意識があることがやはり個人を社会と結びつけている基本の紐帯です。」

その五　頽廃の余暇

個人と社会のつながりについての自覚が稀薄な人間を「余暇型人間」と呼んでいる。その特徴として、「頽廃」と「傍観」の余暇として、「頽廃」は商社の買い占め、右翼や左翼の暴力などであると説明する。

その六　傍観の余暇

傍観の余暇については、次の説明がある（同書一五六頁）。

「結局、余暇そのものが人生だと考えるような人間のタイプが一般化すれば、社会全体の秩序、あるいは民主主義的なルール、そういうものが「暴力」で破られるのに対して、無防備、無関心になってしまいます。さもなければ「頽廃」が市民社会を底辺から堀りくずしてゆくでしょう。もし自分の「労働」なり「仕事」なりが、たとえどんなささやかなものにしても、それによって自分という一人のちっぽけな人間が大きな社会に結びついていることを自覚している人間なら、「頽廃」や、「傍観」を許すことはできません。」

ここでも大河内は、余暇は額に汗を流すことによってだけ確実なものになるということを強調する。最後のエピローグで述べられることが、大河内の最も主張したいことと考えられる。

「今日多くの産業国――日本もそのひとつでありますが――においては、技術革新や設備のオートメ化が進展する中で、いわば人間不在の作業、人間不在の労働が広がり、またある意味では人間疎外の生産のメカニズム、人間疎外の事務機構、こういうものがオートメ設備や大型電子計算機の導入をテコにして急速に一般化していることは誰もが知っています。」

この主張は、本書を通して、彼がくり返し述べていることである。余暇は、人間不在の労働や仕事から人間を取り戻す役割があるが、現代ではそうなっていない。多くの個人は、労働に背を向け、抵抗し、反発していたのでは、「正しく余暇」とはいえないと述べる（同書一九二―一九三頁）。

ここでも、彼は、これまでも何回も主張してきた個人的条件として収入、住居の確保などが不可欠で、社会的条件として医療設備、余暇施設などを求めている。

こういう個人的条件、社会的条件が整っていないので、人々はひまつぶしとして、歩行者天国、競輪・競馬などギャンブル、社用のゴルフなどをすることしかできない。

こういう活動をすることによって、「数時間の間だけ忘れようとする本能的行動」に明け暮れる。こうした暮らし方をやめて、「自分の日々の仕事の中に自分の人間性を生かし得るような状態を作り出すための契機になるもの、それが真の余暇と言うべきもの」と語っている（同書一九五頁）。この考え方は、彼がどんなに余暇のことを重要と考えても、長いこと研究してきた労働に思考が引っぱられることを避けるわけにはいかないのだろう。

最後に、大河内が余暇について主張したいことを自身の言葉で総括しているので引用した（同書二〇〇―二〇一頁）。

「結局、「働く」生活に対する人間的反撥としての余暇の氾濫や余暇の爆発ではいけない、ということになります。「働く」生活の中に人間を再び見出す、あるいは「働く」生活の中におのれを生かすための余暇こそおおいにおしすすめなければなりますまい。余暇志向型人間の克服、余暇志向型価値観の転換、いま我々に迫られているのはこれなのです。そして余暇の中に埋没することを生きがいだなどと考えるような人間から、「働く」ことの人間的意義を感得できるような人間をつくり出すにはどうしたらいいのかを、真剣に、そして急速に、決断しなければならない時点に日本人全体が追いつめられていると言えるでしょう。」

著者紹介

瀬《せ》 沼《ぬま》 克《よし》 彰《あき》

東京都八王子市生まれ。横浜国立大学社会学科卒。国際基督教大学大学院修士課程を経て，青山学院大学大学院教育学研究科博士課程修了。㈶日本余暇文化振興会主任研究員，文部省生涯学習局社会教育官，宇都宮大学生涯学習教育研究センター副センター長，桜美林大学生涯学習センター長・教授を歴任。現在，桜美林大学名誉教授，㈶日本生涯学習総合研究所理事，NPO 法人全国生涯学習ネットワーク副会長，日本余暇学会顧問，人間科学博士（早稲田大学）

著書

「余暇教育の研究」（全５巻）	学文社
『余暇ライフと生涯学習』	第一法規出版
「生涯教育の研究」（全５巻）	学文社
『地域を生かす生涯学習』	ミネルヴァ書房
『生涯学習と行政および民間の役割』	ダイヤモンド社
「余暇文化の研究」（全５巻）	学文社
『余暇の生涯学習化への挑戦』	ぎょうせい
『生涯学習事業の最前線』	教育開発研究所
『生涯学習と地域ルネッサンス』	全日本社会教育連合会
『生涯学習時代の到来』	日本地域社会研究所
「余暇と生涯学習の推進」（全５巻）	学文社
『日本型生涯学習の特徴と振興策』	学文社
『現代余暇論の構築』	学文社
『団塊世代の余暇革新』	日本地域社会研究所
『西洋余暇思想史』	世界思想社

住所　〒192-0051　東京都八王子市元本郷町3-5-20

[21世紀の生涯学習と余暇]
生涯学習の新動向と余暇論の系譜

2012年２月10日　第１版第１刷発行

著 者　瀬 沼　克 彰

発行者　田中　千津子
発行所　株式会社 学 文 社

〒153-0064　東京都目黒区下目黒3-6-1
電話　03（3715）1501 ㈹
FAX　03（3715）2012
http://www.gakubunsha.com

印刷所　新灯印刷
製本所　小泉企画

ISBN978-4-7620-2240-1

瀬沼克彰著

21 世紀の生涯学習と余暇　<全10巻>

市民が主役の生涯学習
四六判　259 頁　定価 2625 円　ISBN978-4-7620-0883-2

高齢余暇が地域を創る
四六判　288 頁　定価 2625 円　ISBN978-4-7620-1615-8

余暇事業の戦後史　—昭和 20 年から平成 15 年まで—
四六判　288 頁　定価 2625 円　ISBN978-4-7620-1277-8

発展する大学公開講座
四六判　288 頁　定価 2625 円　ISBN978-4-7620-1465-9

進化する余暇事業の方向
四六判　288 頁　定価 2625 円　ISBN978-4-7620-1722-3

シニア余暇事業の展開
四六判　276 頁　定価 2625 円　ISBN978-4-7620-1878-7

住民が進める生涯学習の方策
四六判　276 頁　定価 2625 円　ISBN978-4-7620-1971-5

第二ステージの大学公開講座
四六判　296 頁　定価 2835 円　ISBN978-4-7620-2001-8

高齢者の生涯学習と地域活動
四六判　288 頁　定価 2940 円　ISBN978-4-7620-2113-8

生涯学習の新動向と余暇論の系譜　本書
四六判　252 頁　定価 2940 円　ISBN978-4-7620-2240-1